高等院校**通识教育**“十三五”规划教材

大学生
职业发展与就业指导

甘萍 吴丹 / 主编
朱仁平 杨加明 欧阳润 / 副主编

人 民 邮 电 出 版 社
北 京

图书在版编目（CIP）数据

大学生职业发展与就业指导 / 甘萍，吴丹主编. --
北京 : 人民邮电出版社，2019.9（2021.8重印）
高等院校通识教育“十三五”规划教材
ISBN 978-7-115-51459-2

Ⅰ. ①大… Ⅱ. ①甘… ②吴… Ⅲ. ①大学生－职业选择－高等学校－教材 Ⅳ. ①G647.38

中国版本图书馆CIP数据核字(2019)第152915号

内 容 提 要

本书分两编：生涯启蒙编和就业指导编，包括绪论和 7 章内容。其中，生涯启蒙编包括绪论、职业生涯规划导论、自我认知、职业世界信息探索、职业生涯规划的决策与实施，就业指导编包括大学生就业权益与保障、求职行动、角色转换与职业素养。全书内容丰富，具有专业性、科学性、实用性。

本书适合作为高等院校“大学生职业生涯规划”“大学生就业指导”等相关课程的教材，也可供对职业生涯规划感兴趣和正在做就业准备的读者参考。

◆ 主　　编　甘　萍　吴　丹
副 主 编　朱仁平　杨加明　欧阳润
责任编辑　王亚娜
责任印制　焦志炜

◆ 人民邮电出版社出版发行　　北京市丰台区成寿寺路 11 号
邮编　100164　　电子邮件　315@ptpress.com.cn
网址　http://www.ptpress.com.cn
涿州市京南印刷厂印刷

◆ 开本：787×1092　1/16
印张：9　　2019 年 9 月第 1 版
字数：184 千字　　2021 年 8 月河北第 4 次印刷

定价：35.80 元

本书编委会

主　编：甘　萍　吴　丹

副主编：朱仁平　杨加明　欧阳润

编　委：王光辉　王丽坤　王美艳　王　浩　王　翔　邓素瑶　艾淑平
乐建辉　刘尧飞　刘志凤　刘志红　刘　辉　刘德豪　孙　惦
杨　楠　肖华安　何　洁　何　琳　余礼信　余克弟　邹呈民
沈　松　张丽风　张夏洋　张晓宇　陈　宁　陈志高　陈恬恬
陈　嘉　范若云　罗荣萍　周德忠　赵　豫　胡邦宁　柏晓武
钟思远　洪黎明　敖晓妍　聂瑞筠　贾蓓蓓　徐　勇　徐　鹏
栾先骏　涂　冰　梅　娜　黄美文　眭耀华　蒋田鹏　喻华宝
程学新　谢春华　谢　蓉　熊宁佳　樊国宝　潘丽芳

前言

PREFACE

为了更好地、有针对性地指导在校大学生规划大学生活，实现优质就业，南昌大学一批长期工作在就业指导第一线的专家、学者及思政课的骨干青年博士，编写了本书。

本书主要内容如下。

绪论主要从大学能给学生带来什么、大学的特点、大学阶段的主要任务3个方面，阐述大学在职业生涯规划中的重要意义。

第一章介绍了职业生涯规划的基础理论。

第二章从兴趣、职业性格探索、技能、价值观4个方面介绍了个体如何加深对自我的认识与了解。

第三章通过对职业世界的探索，帮助大学生了解职业世界。

第四章指导大学生制订职业生涯目标并撰写职业生涯规划书。

第五章介绍大学生就业权益与保障的相关法律、法规，引导大学生诚信就业。

第六章指导大学生获取就业信息、制作求职简历，并介绍面试技巧、面试礼仪、面试心理调适等，提高大学生的就业能力。

第七章指导大学生顺利进行角色转换，提高职业素养。

本书具有以下特色。

第一，紧密结合在校大学生的学习、生活情况和我国就业市场的现状。书中引用了很多大学生进行职业生涯规划和求职的真实案例，并对此进行了深入浅出的分析。

第二，紧扣《大学生职业发展与就业指导课程教学要求》，内容涵盖“大学生职业生涯规划”“大学生就业指导”两门课程。全书内容翔实，对于指导大学生规划大学学业、生活并顺利就业大有裨益。

第三，参与本书编写的人员既有长期从事就业工作第一线的老师，又有从事思想政治教育的青年博士，保证了该书的专业性、科学性和实用性。

第四，本书将大学生职业发展与就业指导教育和思想政治教育相结合，既指导大学生的规划职业生涯、提高就业能力，又培养大学生树立正确的人生观和价值观，使大学生的个人发展与国家发展同行。

本书共分绪论和7章内容。各章编写分工如下。绪论由甘萍、朱仁平、杨加明编写，第一章由吴丹、欧阳润编写，第二章由王美艳、邓素瑶、梅娜编写，第三章由贾蓓蓓、孙惦、王浩编写，第四章由罗荣萍、张晓宇、刘辉编写，第五章由胡邦宁、邹呈民、徐鹏编写，第六章由徐勇、沈松、栾先骏编写，第七章由张丽风、潘丽芳、张夏洋编写。吴丹、欧阳润负责全书统稿、审稿工作，并完成最终定稿。

在本书编写过程中，编者参考和吸收了国内外部分专家、学者的研究成果，因篇幅有限，未能一一注明出处，在此向原作者表示谢意。

编者

2019 年 5 月

目录

CONTENTS

绪论

PREFACE

教育是民生之首，就业是民生之本。

现代高等教育的教育理念是坚持“以学生为本”的原则。“以学生为本”必须从学生发展的实际情况出发。第一，学生的个体背景、特点不同，其职业生涯发展的需要也各不相同；第二，学生的心理特征不同，从人职匹配角度看，其适宜的工作类型也各不相同；第三，学生接受的教育类型不同，其培养目标也各不相同，如普通高等教育与高等职业教育的人才培养目标各有侧重。因此，从学生成长成才的角度看，高等教育必须为学生提供广泛的、系统的职业生涯教育，帮助学生做好职业生涯发展规划，帮助学生找到适合自己发展的职业之路，使学生获得自主择业的技能及应对工作的能力，从而成功就业，实现自己的职业目标。

一、大学能给我们什么

（一）一个起点

踏进大学，大学生就站在了一个新的起点，有新的学习环境，新的生活环境，新的人际环境，人生充满希望和挑战。大学为大学生继续获取知识、训练技能、发挥潜能、展示才华提供了更大的平台。而大学精神潜移默化的影响，也将使大学生更深刻地体会生命的尊严和人生的价值。

（二）一个平台

大学是一个非常难得的自我修炼场所，它为我们追求人生梦想搭建了一个大平台。

1. 老师与同学——成长中的最佳学习对象

“大学者，囊括大典、网罗众家之学府也。”大学聚集了各学科知识渊博的学者，他们通过授课、讲座、报告、日常指导等多种方式给大学生带来了不同风格、不同视角的知识体验和人格感染。除此之外，大学还汇聚了富有激情、敢于挑战、思想活跃、来自五湖四海的大学生。每个大学生的价值观念、兴趣爱好、为人处世、能力特长不尽相同，都可以成为相互学习的对象。大学生之间的相互学习对个人成长会产生非常重要的影响。另外，在大学期间建立起来的良好师生关系和同学关系，也会成为大学生今后职业发展中的重要资源。

2. 图书馆——丰富自我的知识殿堂

图书馆是每一所高校重点建设的公共服务场所。大学图书馆不仅藏有各类丰富的古书典籍，使大学生可以与古人进行思想对话，而且还拥有数量众多的现代科技期刊，供大学生汲取最前沿的科学养分。随着现代网络技术的发展，高校图书馆的信息化建设也取得了长足的进步。许多大学图书馆都拥有先进的数据库和电子图书系统，方便大学生查询各类信息。总之，学会利用图书馆，是大学生获取知识的重要途径。

3. 学生社团——自我修炼的最佳舞台

学生社团是大学生依据共同的兴趣爱好按照章程自主开展活动的群众性组织，是大学生自我教育、自我管理、自我服务的重要阵地。大学生有选择地参加一些社团组织，不仅可以更好地认识自己、判断自己；而且还可以通过参与、组织和策划各类社团活动锻炼和提高自己各方面的素质，促进自己的成长。学生社团凭借其“社团精神”和丰富多彩的社团活动，越来越受到师生的喜爱，成为校园文化的一道亮丽风景。

（三）一种精神

大学精神内容很宽泛，没有固定的定义。萧雪慧教授认为“独立自治、开放、容忍、自由探索、追求真理、秉持理想以及在执守这些传统理念与作为变革前沿之间保持张力，是大学在数世纪中展示出来的形象，也是大学之所以为大学的基本特质。”

接受过大学教育熏陶的人，应该比其他人具有更明确、更积极向上的理想信念，有自己内在的价值追求；有更多的宽容之心；在精神上、学术上追求更大的自由；能客观地看待问题、分析问题，充满科学精神，讲求科学方法。

大学虽然不能直接赋予一个人职业、态度、思想、信念和幸福，但大学为个体的成长提供了良好环境，为个体获取人生幸福要素提供了机遇。

二、上大学的目的

（一）获取较高的职业发展起点

接受大学教育是人们获取较高职业发展起点的一个重要途径。在大学阶段，大学生可以系统地学习适合自己未来发展的知识，然后将这些知识转化为职业能力，为个人的职业生涯发展奠定一个比较高的起点。

（二）满足更高层次的人生需求

个体职业生涯的每次质的飞跃，都是以学习新知识、获取新技能为前提条件的。要想实现高层次的人生需求，就必须获得职业生涯的高度发展；而想要获得职业生涯的高度发展，就必须提高自身的能力和素质。

三、大学阶段应如何度过

如何度过大学时光，是摆在每位大学生面前的一道必答题。下面是给大学生的几点建议。

（一）勤于求真，养成自主学习的习惯

大学“教之以穷理、正心、修己、治人之道”。大学是立德树人、培养人才的地方，

是青年人学习知识、增长才干、放飞梦想的地方。大学生刻苦读书、求知求真是回归大学本位的基本常识。大学生应该把学习作为首要任务，作为一种社会责任、一种精神追求、一种生活方式。

当代大学生是“可爱、可信、可为的一代”，有学识渊博的老师指导，有浩如烟海的书籍滋养，有“互联网 +”等硬件环境，有优越的条件发奋学习。大学生要珍惜大好时光，让自主学习成为一种求知手段、一种生活习惯，下得苦功夫，求得真学问，练得真本领，成长为求真理、悟道理、明事理的时代新人。

（二）敏于力行，锻造自我管理的能力

培根说过：“幸运所需要的美德是节制，而厄运所需要的美德是坚忍”。大学教育无论在学习方式还是在生活方式上都不同于中学教育。大学的教育管理逐渐从“他律”的传统模式向“自律”的自我管理模式转变。而自我约束力是自我管理的基础，只有学会自我约束控制，才能真正驾驭自己。

自我管理要从自律生活起步，养成有规律的作息习惯，杜绝熬夜打游戏、早上睡懒觉的恶习；学业管理首先要在课堂学习上下功夫，在课程的重点和难点上做文章，还要自加压力，提高学习难度，完善知识结构；时间管理要合理，要安排好理论学习、实习实训、课外生活等的时间分配，处理好学习与社团活动、社会实践的关系；大学生活有艳阳也有风雨，有喜悦也有悲伤，大学生要提升情绪管理能力，学会调控自己的情绪；自我管理还要学会身体力行，把自己的所学、所思、所想付诸实践，形成一套行之有效的“自我管理攻略”。

（三）善于修德，提升自我教育的品质

教育家苏霍姆林斯基曾说：“真正的教育是自我教育。”自我教育的本质在于发挥主观能动性，正心立德。“德者，本也”，纵观古今，无论是古圣先贤，还是时代先锋，都始终把修身立德放在第一位。立德，就要明大德、守公德、严私德。科学家钱学森留美期间就已成为世界一流的控制论专家，归国时遇到了重重阻挠，但他始终心系国家命运，历经千辛万苦，终于回到了祖国怀抱。他不仅以严谨求是的科学态度，为祖国的科技进步做出了卓越的贡献，更以报效国家的崇高理想，诠释了一个科学家的中国魂。

自我教育的关键在于认识自我、挑战自我、战胜自我。在大学生活中，体育训练、劳动锻炼、文艺活动等都是不可或缺的自我教育过程。大学生应坚守理想信仰，担当道义责任，守望道德良知，培育完善人格，在奉献祖国的同时成就个人梦想。

（四）恒于励志，唱响自觉成长的旋律

“为学须先立志。志既立，则学问可次第着力。立志不定，终不济事。”青年是祖国的未来、民族的希望，青年兴则国兴，青年强则国强。作为新时代青年，要立鸿鹄志，做自觉成长的奋斗者。

周恩来总理在 12 岁时就立下“为中华之崛起而读书”的志向，陈景润在初中时就立志以数学报国。他们正是具有了远大志向，才催生了坚强不屈的意志和不达目的不罢休的韧劲，最终实现了人生价值的升华。

“盛年不重来，一日难再晨。”大学生要以“爱国、励志、求真、力行”为指引，珍惜韶华，学会自主学习，善于自我管理，践行自我教育，不断自觉成长，日进其学、日增其能、日新其德，力求德智体美劳全面发展。

四、大学阶段的主要任务

尽管专业不同、今后从事的职业不同，每个人在大学阶段的具体任务有所差异，但结合社会对人才的需要，可以将这些具体任务归纳为“大学学习一二三”。一指培养一种精神，二指树立两种意识，三指学会三种本领。这三点是大学生在大学时期必须要完成的任务，它们将对大学生的人生产生重要的影响。

（一）培养一种精神

一种精神指职业精神。职业精神是人们在从事工作时表现出来的一种态度或精神风貌。美国研究人员通过调查发现，在失业者或无法获得晋升者中，有 87% 的人并非因为缺乏职业知识或技能，而是因为不恰当的工作习惯和工作态度导致其事业失败或无法晋升。由此可见，职业精神对一个人的职业发展非常重要。大学生虽然还没有正式进入职场，但是一个人在大学养成的行为习惯，非常容易带到今后的工作场所中。因此，大学生要从身边的小事做起，培养自己的职业精神。

职业精神的内涵是非常丰富的，作为新时代的大学生应该重点培养以下三个方面的职业精神。

1. 责任心

课堂案例

一个大学生去参加应聘，经过交谈，管理人员认为他并不符合招聘要求。因此，管理人员很客气地和大学生道别。大学生从椅子上站起来的时候，手指不小心被椅子上凸起的钉子划了一下。大学生理所当然地拿起管理人员桌子上的镇纸，把凸起的钉子砸了进去，然后才和管理人员道别。就在这一刻，管理人员突然改变了主意，他决定录用这个大学生。“我知道在业务能力上他也许未必适合我们公司，但他的责任心令我非常欣赏。把事情交给这样的人我会很放心。”

分析

责任心是个体成才的重要支柱，也是衡量一个人成熟与否的重要标准。首先，强烈的责任心是个体对自己的人生之路做出正确选择，并顺利走向社会的前提。其次，责任心是职业素质的重要组成部分，一个人只有具有强烈的责任心才能踏实工作，把本职工作做好。用人单位在招聘人才时，向来非常强调敬业精神。其实敬业精神的深层次来源是一个人对其工作的强烈责任心。

一个缺乏责任心的人，在学习、工作、生活中的习惯行为就是寻找借口，告诉别人自己做不了某事或做不好某事的理由。但是，理由找得越多，离成功就越远。

2. 主动精神

从出生直至上大学，在大学生过往的生活和学习中，总会有人不断告诉他们应该做什么，不应该做什么，很容易使大学生形成被动性思维。当需要大学生自己做决定的时候，他们就会寄希望于父母或老师指明应该怎样做。激烈竞争的社会需要负有主动精神的人才。大学阶段是青年人社会化的重要时期，大学生要积极由他人导向型转变为自我导向型。

3. 诚信

诚信对国家来说，是立国兴邦之基；对企业来说，是立世发达之魂；对个人来说，是立身处世之本。大学生应重视诚信问题，做一个真诚守信的青年人。

（二）养成两种意识

1. 生涯规划意识

有一句话诠释了规划的重要性：“有原则不乱，有计划不忙，有预算不穷。”这句话的意思是一个人如果有了明确的信念与原则，便可以始终如一，立场就会坚定；一个人如果有了明确的计划，在面对多变的外在环境时，就不会手忙脚乱；一个人如果事先做好预算，生活就不会落魄。

当今世界瞬息万变，充满了不确定性。面对多变的外在环境、有限的时间，为了充分发挥人的潜力，实现人生价值，大学生必须未雨绸缪，对学习、生活及职业事先做好规划，机会往往给予有准备的人。

2. 自立意识

自立指个体从自己过去依赖的事物中独立出来，自己行动、自己做主、自己判断，对自己的承诺和行为负起责任。自立贯穿于每个人的一生，具体可以分为身体自立、行动自立、心理自立、经济自立和社会自立。

学会自立是大学生实现人格独立、开创事业的前提条件。大学生从入校开始就要树立自立意识，只有学会了自立，才能赢得职业生涯的发展与成功。

（三）学会 3 种本领

1. 学会做人

做人是人们在人际交往中表现出来的对人、对自己的原则和态度。教育专家孙晓云在《教育的秘诀是真爱》一书中指出“教育的核心是学会做人”。大学生在大学学习的过程中首先应该学会做人。

如何学会做人，是大学生应该长期用心思考的问题。在日常的学习和生活中，大学生应该做一个有心人，从老师、同学、朋友的言行中去分析、去体会，吸取他人的经验。

“学会做人”是逐渐积累的过程，它不仅是大学阶段的主要任务，也是整个职业生涯发展过程的重要方面。

2. 学会学习

美国心理学家斯金纳说：“如果我们将学过的知识忘得一干二净，最后剩下来的东西就是教育的本质。”所谓“剩下来的东西”，其实就是自学的能力。大学生在大学阶段应学会独立思考并掌握学习的方法，才能在面对知识变更和激烈竞争时，都能游刃有余。

课堂案例

李开复在哥伦比亚大学任助教时，曾有位留学生的家长向他抱怨道：“你们大学里到底在教些什么？我孩子在计算机系读完了大二，居然连 VisiCalc 都不会用！”李开复当时回答道：“电脑的发展日新月异，我们不能保证大学里所教的任何一项技术在五年以后仍然管用，我们也不能保证学生可以学会每一种技术和工具。我们能保证的是，你的孩子将学会思考，并掌握学习的方法。这样，无论五年以后出现什么样的新技术或新工具，你的孩子都能游刃有余。”

分析

大学不是职业培训场，而是一个让大学生学会适应社会，适应不同工作岗位的平台。在大学期间，学习专业知识固然重要，但更重要的是要学习独立解决问题的方法，掌握自修之道，即大学生不应该只跟在老师的身后亦步亦趋，而应当主动培养自己的自学能力。

3. 学会做事

在大学阶段，大学生还有一个非常重要的任务就是充分利用大学的优质资源，培养自己的职业胜任能力。具体包括以下 5 点。

（1）培养专业能力

专业能力是从事专门工作必须要具备的能力。专业能力的获得主要靠专业学习，专业教育也是我国高等院校人才培养的主要方式。在培养专业能力时，大学生应该注意以下3个问题。

①“学什么”与“学成什么”

“学什么”指专业名称，而“学成什么”指专业能力。不应将专业名称与专业能力等同起来，在一个专业里学习不会让大学生自动拥有从事与该专业相关工作的能力。

② 基础知识要扎实

知识不等于能力，但知识是能力构成的重要因素，能力是以知识为基础的。在大学期间，大学生一定要学好本专业要求的基础课程，为提升能力打好基础。

③ 培养专业能力的途径

有的大学生可能因为没有机会进入自己感兴趣的专业，就怨天尤人，甚至自暴自弃。其实，培养专业能力的途径是多样的。除了进入自己感兴趣的专业进行系统学习外，还可以辅修、选修、自学等。

（2）学会使用办公软件

随着计算机的普及，以计算机操作为核心的办公自动化在各行各业已普及开来，因此，大学生应学会使用办公软件，如Office中的Word、Excel、PowerPoint等。

（3）学会收集信息

现代社会是信息社会，在大学阶段，学会收集信息对大学生做出合理的学习或职业生涯决定，自主地开展学习活动，培养自学能力非常有帮助。学会如何使用图书馆、电子数据库、互联网搜索、问卷调查及信息采访等都有助于提高大学生的信息收集能力。

（4）培养写作能力

书面沟通在当今社会中的作用非常重要。要进行良好的书面沟通，沟通者必须具备良好的写作能力。为了培养和提高写作能力，在大学期间，大学生应该选修一些要求写日志、计划书、评估报告或以论文形式完成作业的课程。有条件的大学生还可以参加学校组织的写作培训。

（5）提高英语水平

在当今社会，能够用英语进行沟通已成为高素质国际化人才必须具备的一项基本技能。提高英语水平的根本目的是要学以致用。大学生可以通过看原版电影、与外国友人交流对话、听广播等方法来学习英语。勇于实践、持之以恒是提高英语水平的必由之路。

PART 01

第一编 生活启蒙编

职业生涯是一个人职业目标的实现过程，对人生价值的实现起着决定性的作用。

CHAPTER 01

第一章 职业生涯规划导论

大学是人的一生中的一个重要时期，也是大学生正式进入职业生涯的准备阶段。职业生涯规划有完备的学科知识体系，掌握其基本理论、规律，能够帮助和指导大学生进行人生规划。

第一节 职业生涯规划的基本概念

一、职业、职业生涯与职业生涯规划

（一）职业

职业是人们从事的相对稳定的、有收入的、有专门类别的社会劳动。它是个体生活方式、经济状况、文化水平、行为模式和思想情操等情况的综合反映，也是一个人的权利、义务、职责及个人社会地位的一般性表征。职业具有经济性、技术性、社会性、促进性和连续性5个基本特征。

职业不同于工作，职业问题也不是简单的工作问题。就"职业"一词的本意而论，它至少包括两方面的含义：首先，职业体现了专业的分工，没有高度的专业分工，就不会有现代意义上的职业观念，职业化意味着要专门从事某项事务；其次，它体现了一种精神追求，职业发展的过程也是个人价值不断实现的过程，职业要求个人对它有忠诚度。

（二）职业生涯

职业生涯一般指一个人终生经历的所有职位的整个历程。一个人一生中连续从事的职业，不仅包括过去、现在和未来那些可以实际观察到的职业发展过程，还包括个人对职业生涯发展的见解和期望。职业生涯具体来讲就是以个体心理开发、生理开发、智力开发、

技能开发、伦理开发等潜能开发为基础，以工作内容的确定性和变化、工作业绩的评价、工资待遇、职称职务的变动为标志，以满足需求为目标的工作经历。

一个人的职业生涯是一个漫长的过程，如何选择和规划自己的职业生涯，往往受个体的学识、爱好、机遇、工作环境等主客观条件的制约，只有根据现行工作的需要调整自己的职业目标和兴趣，调整心态，培养对所从事职业的敬业精神，在实践中产生对职业的热爱，才能集中精力全身心投入工作，实现个人价值，成就事业。

（三）职业生涯规划

所谓职业生涯规划指客观认知自己的能力、兴趣、个性和价值观，发展完整而适当的职业自我观念，将个人发展与组织发展相结合，在对个人和内部环境因素进行分析的基础上，深入了解各种职业的发展趋势、需求及关键成功因素，确定自己的事业发展目标，并选择实现这一事业目标的职业或岗位，编制相应的工作、教育和培训行动计划，制订基本措施，高效行动，灵活调整，有效提升职业发展所需的执行、决策和应变技能，使自己的事业得到顺利发展，并获取事业成功。

职业生涯规划既包括个人对自己进行的个体生涯规划，也包括企业对员工进行的职业规划管理体系。职业生涯规划的目的绝不仅是帮助个人按照自己的资历条件找到一份适合的工作，实现个人目标，更重要的是帮助个人真正地了解自己、筹划未来，拟定一生的发展方向，根据主客观条件设计出合理且可行的职业生涯发展道路。

二、生涯与生涯规划

《辞海》中对“生涯”一词的定义：指从事某种活动或职业的生活。

生涯的英文是career。在西方的概念中，使用“生涯”一词就如同在马场上驰骋竞技，隐含未知、冒险等精神。现生涯多被引申为人生发展历程。在汉语中，career也被翻译成职业生涯。

通俗来讲生涯指人一生所走的“路”，也就是发展的途径，包含学习、发展、知觉、角色认知、探索、教育、工作、敬业等内涵。

（一）生涯的4种特性

1. 独特性

独特性指每个人的生涯都不一样，尽管偶尔会有雷同之处，但绝不会完全相同。因此，任何一个人都有其专属的生涯规划，绝不会与他人相同。

2. 终生性

终生性指生涯是一个人从生到死一辈子的事情，包含求学、就业及退休后的生活。如果今天做一个生涯规划，明天又有其他生涯规划，就不能称之为生涯规划，只能算是计划而已。

3. 发展性

发展性指生涯随每个人自身的需求不同而不断改变。生涯规划就学理而言，依年龄划分为以下 4 个阶段。

① 自我发现期：约在 30 岁以下。

② 自我培养期：30 ~ 40 岁。

③ 自我实践期：40 ~ 50 岁。

④ 自我完成期：约为 50 岁以上。

4. 全面性

全面性指生涯包含个体整体发展的各个层面，所规划的内容极为广泛。

总之，生涯不是静止的，它是动态的，发生在人一生的每一个阶段。

（二）生涯规划的内容

生涯规划是一个复杂长期的概念，简单地说，就是面对未来的岁月，做好构思与安排，即针对预期的目标，配合时间的先后，加以有效处理。具体来讲，生涯规划是个人透过自我、机会、限制、选择与对结果的了解，确立与生活有关的目标，并且根据个人在工作、教育与发展方面具备的经验，规划具体步骤，实现生涯的成功。就个人而言，有了生涯规划，个体便有了努力、奋斗的目标，不再犹豫彷徨，不再迷失自我，不再消极颓废，变被动为主动，化消极为积极，积极进取以求自我的成长与实现。

生涯规划的主要内容如下。

① 从年龄、性格、兴趣、局限、生活方式等方面评估自己，了解自己。

② 了解工作的世界，包括工作要求、工作环境、发展机会和发展前景等。

③ 培养抉择能力，综合以上因素，选择适合自己的工作。

④ 随着内外环境的变化调整自己的规划，培养个人有面对转变的弹性。

三、职业生涯发展形态

每个人都有独特的职业生涯形态，发展适合自己的职业生涯形态，能使自己的人生过得更加充实、有意义。常见的职业生涯发展形态主要有以下 7 种。

1. 积极晋升型

积极晋升型指个体在一个组织内部认真工作，不断提高个人能力和素养，从容面对工作地点或工作内容的改变，随着能力、眼界的提高和扩展，逐步走向管理岗位。

2. 阅历丰富型

阅历丰富型指个体胜任工作内容差异较大的岗位，他们勇于改变与创新，而且学习能力较强，能面对各种突发状况。

3. 稳扎稳打型

稳扎稳打型指个体经过尝试与努力，进入自己向往的工作机构。此类机构的升迁与发展空间有限，但是非常稳定。

4. 越战越勇型

越战越勇型指个体对职业生涯发展已有明确的方向，但是因为某些原因经历了挫折。挫败之后，他们凭自己的毅力与能力，积极进取，以更成熟的面貌迎接挑战，最后在工作中取得成就。

5. 目标明确型

目标明确型指个体对自己的职业生涯并没有花太多的时间去探索与尝试，而是很早就确定了职业生涯发展方向。

6. 生涯因故中断型

生涯因故中断型指个体原体连续的生涯发展因为某些因素而停顿，处于静止或衰退的状态。例如：患病的人，其主要精力都用于治疗、康复，他们在经济上与情绪上也都处于脆弱与依赖的状态，职业生涯规划会被中断。

7. 生涯丰富型

生涯丰富型指个体安心于稳定的工作，在工作之余会从事自己感兴趣的事，他们会在工作与兴趣之间寻找平衡点，追求生活的丰富多彩。

第二节 职业生涯规划的基本理论

在职业生涯规划中，有四件事要做：第一，要进行人职匹配，找到适合自己的职业；第二，要了解自己所处的职业生涯阶段，把握人生的方向；第三，要进行职业定位，坚持向既定的目标迈进；第四，在需要做出重大决策的时候，要运用科学的决策方法。自20世纪初美国职业辅导先驱弗兰克·帕森斯提出三因素理论以来，在职业生涯规划领域探索的专家，提出了一系列职业生涯规划的相关理论。

一、职业选择匹配理论

职业人常常需要对职业做出选择，也就是人职匹配。下面介绍两种比较有影响的理论。

（一）帕森斯的“特质因素理论”

“特质因素理论”是用于职业选择、职业指导的经典理论，最早由美国波士顿大学的帕森斯教授提出其主要内容如下。

1. 职业选择三因素

1909 年，帕森斯在其《选择一个职业》著述中，明确阐明职业选择的三大要素。

第一，应清楚地了解自己的态度、能力、兴趣、智谋、局限和其他特征。

第二，应清楚地了解职业选择成功的条件、所需的知识，自己在不同工作岗位上的优势、不利、机会和前途。

第三，上述两个条件的平衡，即人职匹配。

2. 职业选择过程

帕森斯的理论强调以下观点。

首先，在做出职业选择之前应评估个人的能力，因为个人选择职业的关键就在于个人的特质与特定行业的要求是否相符合。

其次，要进行职业调查，即强调对工作进行分析，包括研究工作情形，参观工作场所，与工作人员进行交谈等。

最后，要以任职匹配作为职业指导的最终目标。帕森斯认为，只有这样，人才能适应工作，个人和社会才能同时得益。

3. 人职匹配类型

帕森斯认为职业与人的匹配分为以下两种类型。

第一，条件匹配（因素匹配），即职业找人。条件匹配指需要专门技术和专业知识的职业与掌握该专门技能和专业知识的择业者相匹配。例如，劳动条件差的职业往往需要吃苦耐劳、体格健壮的从业者。

第二，特长匹配（特性匹配），即人找职业。特长匹配指某些职业需要从业者具有一定的特长。例如具有敏感、感性、不守常规等人格特征的人，适合从事艺术创作类型的职业。

4. 职业选择的步骤

根据帕森斯的职业选择三要素，可以把职业选择分为 3 个步骤。

第一，特性评价，即通过心理测量及其他手段，分析个体的身体状况、能力倾向、兴趣爱好、个性特征等个人资料，以及有关家庭背景、成长经历、学校教育、学业成绩等，获得全面资料，做出综合评价。

第二，因素分析，即分析各种职业对从业者的要求，如学历、年龄、性别、专业技能、身体条件等；广泛搜集相关职业信息，如职业性质，工作条件与待遇，深造和晋升的机会以及准备就业所需要参加的课程、培训等。

第三，根据个体的特性评价和对社会职业因素分析的结果，选择一项既适合自身特点，又有可能通过努力获得成功的职业。

帕森斯的特质因素理论至今仍然对从业者的职业生涯规划和职业心理学的发展有重要的指导意义。

课堂思考

张华今年毕业，他面临两个工作机会：一个是到家乡某高校任教，在家乡任教方便他照顾自己的父母；另一个是到宁波某电子企业就职，公司离家较远，但发展空间大，待遇也不错。张华该如何选择呢？

（二）霍兰德的职业个性理论

美国霍普金斯大学的心理学教授约翰·霍兰德于 1971 年提出了具有广泛社会影响的个性—工作适应性理论，并编制了霍兰德职业人格能力测验。该测验能帮助个体发现和确定自己的职业兴趣与能力专长，进而作为个体在求职择业时进行决策的依据。

霍兰德认为，职业生涯选择是个体人格在工作世界中的表露和延伸，某一类型的职业通常会吸引具有相同人格特质的人，而具有相同人格特质的人对许多生活事件的反应模式也是基本相似的，他们会创造具有某种特色的生活环境（也包括工作环境）。在同等条件下，任何环境的匹配性或一致性都会增加个体的工作满意度、职业稳定性和职业成就感。

霍兰德职业个性理论的基础主要由以下 4 个基本假设组成。

第一，大多数的人格特质都可以归纳为 6 种类型：现实型、研究型、艺术型、社会型、管理型和常规型。

第二，职业环境也有 6 种类型，其名称、性质与人格特质的分类一致。

第三，人们总是尽量寻找那些适合自己个性，能突出自己特长、体现自己价值和能令自己愉快的职业。

第四，一个人的行为表现是职业环境类型和人格特质类型相互作用的结果。如果了解自己的人格特质类型和职业环境类型，个体就可以预测自己的职业选择、工作变换、职业成就、社会行为等。

二、职业生涯发展理论

职业生涯是一个漫长的过程，在这个漫长的过程中，职业生涯各个阶段会表现出不同的特性，这就需要个体对职业生涯的发展阶段有所了解。职业生涯规划领域的专家针对职业生涯发展阶段提出了一系列理论。

（一）萨珀的职业生涯发展理论

萨珀从个体终身发展的角度出发，根据自己“生涯发展形态”的研究结果，参照布尔赫勒的生命周期理论，将职业生涯划分为成长、探索、建立、维持和衰退 5 个阶段。

① 成长阶段（0 ~ 14 岁）：是职业能力的逐步成长阶段，又细分为幻想期、兴趣期、能力期 3 个时期。该阶段的任务是发展自我概念，开始以各种不同的方式来表达自己的需求，且经过对现实世界不断的尝试来修正自己的角色，同时了解工作的意义，发展对工作

世界的正确态度。

② 探索阶段（15 ~ 24 岁）：是择业、初就业阶段，又细分为试验期、过渡期、尝试期 3 个时期。这一阶段的青少年通过学校学习、社团活动、兼职等机会，对自我能力及角色、工作世界进行深入的探索，从而使职业偏好逐渐具体化、特定化并且初步实现职业目标。

③ 建立阶段（25 ~ 44 岁）：是建立稳定职业阶段，又细分为尝试期、稳定期两个时期。这一阶段的任务是统整、稳固并求上进，即经过探索后，个体能明确自己在整个生涯发展中的长远目标和属于自己的位置。

④ 维持阶段（45 ~ 64 岁）：是所谓“功成名就”的维持阶段。

⑤ 衰退阶段（65 岁以后）：这一阶段的任务是注重发展新的角色，寻求不同方式以替代之前从工作中得到的满足，或做曾经想做而又没有做的事情。

（二）施恩的职业生涯发展理论

美国学者施恩教授立足于个体在不同年龄段面临的问题和职业工作的主要任务，将职业生涯分为 9 个阶段。

① 成长、幻想、探索阶段：0 ~ 21 岁。

② 进入工作世界：16 ~ 25 岁。

③ 接受基础培训：16 ~ 25 岁。

④ 取得早期职业的正式成员资格：17 ~ 30 岁。

⑤ 职业中期：25 岁以上。

⑥ 职业中期危险阶段：35 ~ 45 岁。

⑦ 职业后期：从 40 岁到退休之前。

⑧ 衰退和离职阶段：从 40 岁到退休期间。

⑨ 离开组织或职业退休。

施恩教授划分职业周期阶段是依据职业状态、职业行为和发展过程的重要性，因为每个人经历某一职业阶段的年龄有别，所以他只给出了大致的年龄跨度，不同职业阶段的年龄有所交叉。

课堂思考

李德超 2017 年研究生毕业后在某高校从事学生辅导员工作。他看到不少同学纷纷买了房子，变得非常焦急，经常抱怨工资太低，晋升太慢，导致其工作不断出现差错。他的问题出在哪里？

（三）生涯彩虹图理论

生涯彩虹图理论认为共有 9 种生活角色，每一个人在其有生之年的不同时期会担当一个或者多个角色，每一种角色的强度随时间变化（见图 1-1）。这 9 种角色分别是孩子、学生、休闲者、公民、工作者、退休者、配偶或者伴侣、持家者、父母/祖父母。一个人的生涯发展受到环境因素和个人因素两方面的影响。

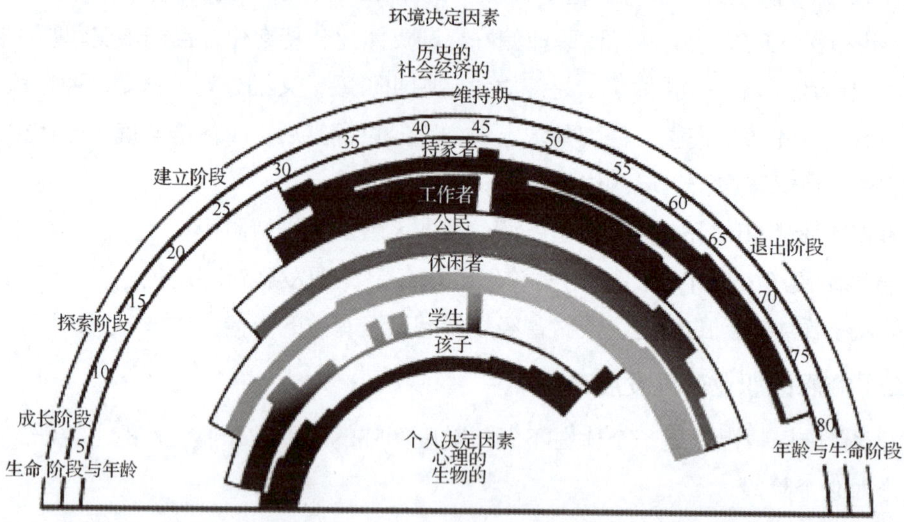

图 1-1 生涯彩虹图

环境决定因素指社会结构、历史变化、社会经济条件和组织、就业经验、学校、社区、家庭；个人决定因素指意识、态度、兴趣、需要、价值观、一般能力/特殊能力、生物遗传。

生涯规划不仅仅是选择一个大学专业、一份职业或者一个工作地点，它涵盖了我们在生活中扮演的所有角色。

课堂案例

小李因为工作优秀被提升为公司的技术经理。在担任经理期间，小李发现自己在管理和人际关系方面花费了大量的时间，效果却甚微，而技术也没有任何提升。这导致小李考虑自己是否适合做管理。

公司人力经理在和小李深入交流时，发现他已经30岁了却还没有交过女朋友。在谈到将来的梦想时他希望自己做像IBM那样公司的总裁，却没有谈到任何生活和家庭的规划。

分析

用生涯彩虹图理论分析小李存在的主要问题：没有从生涯的角度进行职业规划，其最大的问题在于角色缺失——如果做不了IBM那样公司的总裁，对他的打击将是致命的。

（四）金斯伯格的职业发展理论

金斯伯格的职业发展理论将职业生涯分为幻想期、尝试期和现实期 3 个阶段。

① 幻想阶段（0 ~ 11 岁）：这个阶段的选择是孩童式的，个体受当时需要的支配，对未来可能从事的职业做出不切实际、不受能力和现实限制的幻想。

② 尝试阶段（11 ~ 17 岁）：随着年龄的增长、知识的增加，青少年逐渐形成了自我意识，能够更加客观地评估自己的能力、兴趣、价值观，对工作也有了更现实的认识和理解。

③ 现实阶段（18 ~ 20 岁）：个体能够根据各种职业的现实特点及自身的能力水平做出具体的职业选择，价值观逐渐成为影响职业决策的重要因素之一。

三、职业生涯决策理论

（一）奇兰特的职业决策过程理论

奇兰特认为，决策是一连串决定的组合，任何一个新决定都受先前决定的影响，而新做出的决定又会产生连锁影响，导致后来决定的出现，所以，决策既是一个决定又是一个决定连锁反应的发展历程，而非单一的、孤立的事件。即生涯决策不是一次选择或一个结果，而是个体持续不断地做决定及修正的终生历程，具有系统工程的特征。为了使决策过程理性化、系统化，奇兰特提出了个人处理资料的 3 个策略系统和职业生涯决策的 7 个步骤。

1. 个人处理资料的 3 个策略系统

① 预测系统：预测个体不同的选择可能会造成的结果，并估算每个行动造成该结果的概率，以作为行动方案的参考。

② 价值系统：个体对于各种可能的行动的喜好程度。

③ 决策系统：评判各种行动方案的标准。其选择包括以下几个取向。

a. 期望取向，即选择可能达成自己最想要的结果的方案，就是与自己的职业观相一致，与自己的兴趣、特长最相符的方案。

b. 安全取向，即选择最安全、最保险的方案。该方案适合追求稳定的人，但该方案也许与个体的职业兴趣不一致。

c. 逃避取向，即避免选择可能造成最差结果的方案。该方案适合追求稳妥、不爱挑战的人，但选择的结果也许与个体的期望有一定差距。

d. 综合取向，即权衡自己对行动结果的需求、成功的概率及避免最差结果这 3 个方面，然后选择一个最佳行动方案。

2. 职业生涯决策的 7 个步骤

① 个体意识到做决策的需要，根据需要制订决策的目的或目标。

② 搜集与目标或目的有关的信息资料，并调查可能的行动方案。

③ 根据所得的资料，预测各行动方案的成功概率及其结果。

④ 根据价值系统，评价结果是否满足需要。

⑤ 评估各种可能方案，选择其中的一个方案执行。

⑥ 若达成目标则终止决定，然后再等待下一个决定的出现。

⑦ 若没有成功，则继续调查其他可行的方案。

（二）泰德曼的生涯决策理论

泰德曼的职业生涯决策理论认为职业选择是一个持续不断的历程，而非发生在单一事件上。他将职业生涯发展概念化为一个不断辨别自我认定、处理发展性任务和解决心理社会危机的过程。这些持续的活动被认为是发生在一个时间阶段的架构之内的。根据他的观点，职业生涯决策包括两个阶段、7 个步骤。

1. 预期阶段

个体在预期阶段采取各种方式，先拟出几个可行的方案，然后考虑各个方案的利弊得失，预估其可能的结果，最后做出具体的选择。这一阶段可分为 4 个步骤：①探索，考虑不同的选择方向及可能的目标；②具体化，经过对各种不同选择方向或目标的优缺点的斟酌，逐渐将情况理清；③选择，制订一个能够解除目前困扰的目标；④澄清，再审视、修正与调整准备要实现的目标。

2. 实践与适应阶段

实践与适应阶段的任务是将选择的方案落实于现实生活，然后评估其结果，并根据个人对结果的满意程度，对方案进行调整或改变。这一阶段可分为 3 个步骤：①入门，开始执行自己的预选择，这是新经验的开始，以新的角色出现，应积极争取周围人群的认可；②革新，调整步伐与心态，全力以赴适应新环境；③整合，个人的信念与集体的信念达到平衡与妥协。

（三）丁克里奇的职业生涯决策风格理论

风格指不同的人在做事方式上表现出来的习惯偏好。决策风格是影响决策效果与决策效率的一个重要因素。丁克里奇在 1968 年，通过访谈研究，将人们做职业生涯决策时所采用的风格归结为 8 类。

① 冲动型（Impulsive）：抓住遇到的第一个选择，不再考虑其他选择或收集信息。其想法是“先决定，以后再考虑。”比如，先找到一份工作干着再说。这种决策风格风险极大。

② 宿命型（Fatalistic）：将决定留给境遇或命运。宿命型的人面对决策显得无力和无助，人生态度消极低沉，他们容易成为环境的“受害者”。

③ 顺从型（Compliant）：顺从别人的计划而不是独立地做出决定。顺从型的人虽然在追随群体的过程中获得了一种虚拟的安全感，但却忽略了自身的独特性，其选择在很大

程度上并不适合自己。

④ 延迟型（Delaying）：把问题往后推迟。延迟型的人总是希望：也许事情过几天就自动解决了。

⑤ 烦恼型（Agonizing）：过度搜集信息，使用信息时又顾虑重重，反复比较，当断不断。烦恼型的人其心境表现常常是“我就是拿不定主意。”

⑥ 直觉型（Intuitive）：因为“感觉是对的”而做决策，但不能说明原因。直觉型的人做的决策可能会不符合事实。

⑦ 瘫痪型（paralytic）：接受做决策的责任，但是感觉过于焦虑而不能对决策做出有建设性的推进。瘫痪型的人无法真正为决策和决策的后果承担责任。

⑧ 计划型（Planning）：使用类似标准化决策模型推荐的理性策略。

上述 8 类决策风格没有绝对的优劣之分，各有其适用的范围和局限性。决策风格既受个体个性的影响，又受到环境的塑造，并非绝对无法改变。表 1-1 所示为丁克里奇职业生涯决策风格划分表。

表 1-1 丁克里奇职业生涯决策风格划分表

<table>
<tr><th colspan="2" rowspan="2"></th><th colspan="2">自己</th></tr>
<tr><th>未知</th><th>已知</th></tr>
<tr><td rowspan="4">环境</td><td rowspan="2">未知</td><td>困惑和麻木性决策</td><td>直觉性决策</td></tr>
<tr><td>烦恼型、延迟型、瘫痪型</td><td>冲动型、直觉型</td></tr>
<tr><td rowspan="2">已知</td><td>依赖性决策</td><td>信息性决策</td></tr>
<tr><td>顺从型、宿命型</td><td>计划型</td></tr>
</table>

四、职业锚理论

个体在做职业生涯规划时，职业锚（Career Anchor）是一个非常重要的概念。理解职业锚有助于进行职业定位。

（一）职业锚的含义

职业锚这一概念是由美国职业心理学家埃德加·H. 施恩教授提出的。他认为，职业生涯发展实际是一个持续不断的探索过程。一个人对自己越了解，就会越明显地形成一个占主要地位的职业锚。

在职业心理学中，职业锚指个体选择和发展自己的职业时围绕自己确定的中心。如某人在决定是接受公司将自己晋升到总部的决定，还是辞去现职，转而开办和经营自己的公司时，之前所有的工作经历、兴趣、资质、潜能等将汇集成一个富有意义的职业锚。这个职业锚会显示，对他个人来说，到底什么东西才是最重要、最合适的。

具体而言，职业锚的概念包含以下三方面的内容。

第一，自省的动机需要：以实际情景中的自我测试、自我诊断以及他人的反馈为基础。

第二，自省的才干和能力：以个人工作环境中的实际成功为基础。

第三，自省的态度和价值观：以自我与雇佣组织、工作环境的准则和价值观之间的实际碰撞为基础。

职业锚可以理解为当一个人不得不做出选择的时候，他无论如何都不会放弃的至关重要的东西或价值观。

（二）职业锚的类型

施恩根据自己对麻省理工学院研究生的研究，提出了 5 种职业锚类型。随着职业锚理论的发展，现在人们普遍认为存在 8 种职业锚类型。

1. 技术职能型职业锚

技术职能型的人愿意在专业领域里发展，追求在技术或职能领域的成长和技能的不断提高，以及应用这种技术获取职能的机会。他们往往不喜欢从事一般的管理性质的工作，因为这意味着他们要放弃在技术或职能领域的成就。

2. 管理能力型职业锚

管理能力型的人有强烈的愿望去做管理人员。他们倾心于管理工作，具有强烈的升迁动机和价值观，追求并致力于职位、收入的提升；他们善于与人沟通；具有较强的分析能力和领导、控制他人的能力；他们对组织也有很大的依赖性。

3. 安全稳定型职业锚

安全稳定型的人最关心的是职业的长期稳定性和安全性。他们认为安定的工作、客观的收入、优越的福利与良好的退休保障是至关重要的。尽管有时他们能到达一个较高的职位，但他们并不关心具体的职位和具体的工作内容。

4. 自主独立型职业锚

自主独立型的人更喜欢独来独往，希望随心所欲地安排自己的工作方式、工作习惯和生活方式。他们追求能施展个人能力的工作环境，希望最大限度地摆脱限制和制约。他们宁可放弃提升或工作扩展机会，也不愿意放弃自由与独立。

5. 创造型职业锚

创造型的人需要开发、开创完全属于自己的东西，可以是以自己名字命名的产品或工艺，或是自己的公司等。他们认为只有这些实实在在的事物才能体现自己的才干。他们具有强烈的创造需求和欲望，意志坚定，敢于冒险。

6. 服务型职业锚

服务型的人会一直追求他们认可的核心价值，如帮助他人、保障人民的安全、研制新的药物等。他们不会改变初衷，即使这意味着要更换工作。

7. 挑战型职业锚

挑战型的人喜欢挑战强硬的对手，克服无法克服的困难障碍等。对他们而言，参加工作或选择职业的原因是工作允许他们去战胜各种不可能。新奇、变化和困难是他们追求的目标。如果事情非常容易，他们会感到厌烦。

8. 生活型职业锚

生活型的人追求能平衡个人需要、家庭需要和职业需要的工作环境。他们希望将生活的方方面面整合为一个整体。他们需要一个能够提供足够的弹性让他们实现这一目标的职业环境。

上述 8 种职业锚之间可能存在交叉，但是，每一种都有一个最突出、最强烈、最易识别的特征。由于职业锚是个体和工作情景之间相互作用的产物，因此它不能通过各种测评来预测，而必须经过若干年实际工作的内化沉淀，才能被发现。

第三节　大学生进行职业生涯规划的意义

一、什么是大学生职业生涯规划

大学生职业生涯规划可定义为大学生在大学生活阶段通过对自身和外部环境的了解，确立职业方向、职业目标，选择职业道路，确定教育计划（特别是大学阶段的学习计划）、发展计划，为实现职业生涯目标规划行动时间，制订行动方案。

大学生经过大学阶段的学习生活后，他们掌握了一定的专业技能，身心得到了进一步的发展，为大学毕业后的工作和生活打下了基础。大学时代是一个人职业生涯规划的黄金时段。

一方面，在校大学生都是 20 岁左右的青年，具有充沛的体力和很强的学习能力，其职业观念、职业理想、人生观、世界观等方面都具有很强的可塑性，即他们具有较好的职业生涯可规划性；另一方面，大学为青年学子提供了学习基本职业技能的良好条件，大学生可以为自己成功的职业生涯打好基础，做好准备。因此，及时、科学的职业规划不仅会使大学生度过一个充实的大学时代，而且会影响他们的一生。

二、大学生职业生涯规划的意义

大学生首先要认识职业生涯规划的重要意义，职业生涯活动将伴随个体的一生，拥有成功的职业生涯才能实现美好的人生。因此，职业生涯规划具有十分重要的意义。

（一）发掘自我潜能，增强个人实力

① 职业生涯规划会引导大学生正确认识自身的个性特质、现有与潜在的资源优势，帮

助大学生重新对自己的价值进行定位并使其持续增值。

② 职业生涯规划会引导大学生对自己的综合优势与劣势进行对比分析。

③ 职业生涯规划会引导大学生树立明确的职业发展目标与职业理想。

④ 职业生涯规划会引导大学生评估个人目标与现实之间的差距。

⑤ 职业生涯规划会引导大学生前瞻与实际相结合的职业定位，搜索或发现新的或有潜力的职业机会。

⑥ 职业生涯规划会引导大学生学会运用科学的方法，采取可行的步骤与措施，不断增强职业竞争力，实现自己的职业目标与理想。

（二）增强发展的目的性与计划性，提升成功的机会

生涯发展要有计划、有目的，很多时候人们的职业生涯受挫就是由于职业生涯规划没有做好。好的计划是成功的开始，古语讲“凡事预则立，不预则废”就是这个道理。

1. 积极规划，经营未来

职业生涯规划，简言之就是对人才与职业进行匹配与再规划的过程。职业生涯本身就是一个动态的、发展的、变化的过程。职业生涯规划不是应变之策，而是经营未来。有效的职业生涯规划，有利于大学生明确人生未来的奋斗目标。一个人的事业究竟应向哪个方向发展，可以通过制订职业生涯规划明确起来。

2. 把握自己，争取成功

职业生涯规划是以人的认识为基础的，又要解决目标问题。解决好这些问题，大学生才能真正把握自己。如何从一个学生转变成一个优秀的职场人员，对于大学生来说，还有很长的一段路要走。不仅要看清自己，还要看清前方，快速地成长起来。对于年轻人来说，可以有困惑，可以有迷茫，但不能放弃努力。

3. 确立目标，走得更远

职业生涯规划，就是每个人根据自己的实际工作能力和专业知识，大致设计好一个将要为之奋斗的目标，即自己以后要走的路。大学生应在前进的道路上，先给自己定下一个合适的高度，然后再通过一步一步的努力朝着那个方向前进，达到既定高度后再设定新的高度，渐行渐远，直至美好未来。

4. 没有规划，注定失败

亚里士多德曾经说过：“人是一种寻找目标的动物，他生活的意义仅仅在于是否正在寻找和追求自己的目标。”完全没有规划的职业生涯是注定要失败的。

（三）提升应对竞争的能力

当今社会处在变革的时代，到处都充满着激烈的竞争。要想在激烈的竞争中脱颖而出并立于不败之地，大学生必须做好自己的职业生涯规划，这样才能做到心中有数，不打无

准备之仗。

有一些大学生不重视职业生涯规划，毕业时拿着简历与求职书到处碰运气。结果浪费了大量的时间、精力与资金，却得不到满意的结果。

这部分大学生没有充分认识职业生涯规划的意义与重要性，认为找到理想的工作靠的只是学识、业绩、关系、口才等条件，而进行职业生涯规划纯属纸上谈兵。这是一种错误的观念，实际上大学生应先做好职业生涯规划，对求职有了清晰的认识与明确的目标之后再付诸行动，这样才能收效更好，也更经济、更科学。

三、大学生尽早进行职业生涯规划的必要性

（一）个人职业生涯的有限性要求每个人及时规划

职业生涯规划是需要结合自己的资源情况、制约因素进行的规划行动。对于个体而言，最大的资源可能不是金钱，而是时间和精力。随着年华逝去，个体职业生涯的可规划性将日益降低，职业规划取得的效益也会逐步减少。在一些发达国家，对个人职业能力、职业倾向等的测试及职业教育的开展都较早，目的就是使职业生涯规划的价值最大化。所以，大学生进校后应尽早进行职业生涯规划。

（二）有助于在校大学生的个性化发展

我国的高等教育一贯注重学生的个性发展。在很多高校的人才培养计划中，都把“学生个性化发展”“培养创造性人才”列为重点。自20世纪80年代起，我国开始实行学分制，学分制使大学生的选择更为自由，为大学生的发展提供了良好的条件。

但是，对于大学生而言，这些都只属于外部环境，如果没有必要的职业生涯规划做指导，他们很难明确今后职业发展的方向，其大学期间的学习必然存在盲目性，导致他们学习缺乏动力、涉猎知识的结构失衡、适应社会的能力弱化。所以，职业生涯规划应该成为高校教育的必要组成部分，大学生在入学伊始就应该进行职业生涯规划，以更有效地利用宝贵的大学时光，为其一生的职业发展打下坚实的基础。

（三）有利于大学生择业、就业

职业生涯规划能够为大学生提供了解社会的方法和认识自我的机会，尽早开展职业生涯规划有利于调整大学生的择业心态。同时，按照规划，经过有针对性的、系统的学习和充分的就业准备，大学生的就业竞争能力无疑会得到很大的提升，有助于大学生顺利就业，实现职业生涯目标。

CHAPTER 02

第二章 自我认知

自我就像一座藏书丰富的图书馆，不时常查阅，其中的珍藏就会被灰尘覆盖；心灵犹如一座富饶的矿山，不挖掘开采，矿山就会在沉寂中长满荆棘。无论是以认识人类自身为目标的心理学，还是中华传统文化中“知己知彼，百战不殆”的大智慧，都在反复强调一个观点——了解自我。如果大学生对自己没有一个客观的认识，又如何选择一条适合自己发展的人生道路呢？自我探索是大学生客观了解自我的必经过程，个体只有在不断的自我探索中，才能找寻到真正的自我。

“我是谁？”“我是一个怎样的人？”“我喜欢做什么？”“我擅长做什么？”这些问题每个人都可能在不经意间问过自己，但又有多少人会认真对待呢？这些看似常见的问题，对于每个人认识自我却至关重要。在人生旅途中，只有那些善于认识自我的人，才能准确把握自己的发展方向。

一、自我探索与职业生涯发展

职业选择与发展是人生重大课题之一。特质因素论创立者帕森斯早在 20 世纪初期就提出了职业选择的三大任务：正确了解自己、了解外部世界和职业决策。而其中，正确了解自己是第一位的，是职业选择与发展的前提和基础。因此，如果不能在职业问题上正确认识自我，就很难选择适合自己的职业目标，进而影响今后人生道路的顺利发展。

对于每个人而言，要认识自我就需要进行自我探索，并通过自我探索形成统合的职业自我概念。职业自我概念由职业心理学家舒伯最先提出，具体到职业选择和发展中，就是从本对涉及与自己职业选择和发展有关因素的认识，包括影响个体职业选择和发展的自我各方面（兴趣、性格、技能、价值观等）。心理学家泰德曼在舒伯的基础上继续研究，指出职业自我概念是个体在与社会接触的过程中对自我发展进行不断反省的结果，当职业自我概念定型时，职业定向也就形成了。同时职业自我概念是一个发展的范畴，是在自我探索的过程中逐渐形成的。因此，在一定程度上，职业发展的过程，就是职业自我概念形成的过程。而统合的职业自我概念的形成与个体对自我的不断探索紧密相连，正是从这个角度来说，自我探索是职业选择和发展的前提和根基。

二、自我探索的维度和方法

课堂游戏

“我是谁？”

目的：认识自我。

游戏步骤如下。

① 10 分钟之内，写下 10 个“我是……”。要求所写内容能反映个人特点，真正代表自己。

② 将自己所陈述的 10 项内容从身体状况、情绪状况、才智状况、社会关系状况等方面进行归纳。

③ 仔细分析自己的分类，从中你能得到什么启发？

自我探索是一个复杂、渐进、终身的过程，自我探索的复杂性、渐进性、终身性决定了个体必须要从多个方面、采用多种方法对自我进行分析和了解。学习自我探索的维度和方法，对于大学生科学认识自我具有非常重要的意义。

（一）自我探索的维度

职业自我概念包括了个体对自我各方面的认识，因此自我探索也需要从多方面进行，包括个体的人口学特征、外显特征，如性别、年龄、体貌特征等；个体心理特征，如兴趣、性格、价值观等。

1. 生理我

生理我即个体对自己生理属性的认识，包括对自己的身体特征和生理状况的认识，如认识自己的高矮、胖瘦、力量的大小、体质的强弱等内容。生理我使个体把自我和非我区别开来，认识到自己的生存是寄托在自己的躯体之上的。生理我是自我中最基本的内容，是其他自我内容的基础，它也是在自我形成过程中最早形成的内容。认识自我最早是从认识生理我开始的。

2. 心理我

心理我是个体对自己心理属性的认识，包括对自己的感知、记忆、思维、价值观、性格、能力、兴趣、需要等方面的认识，它使个体认识到自己的心理特征和心理倾向。心理我是职业自我的核心内容，也是自我探索的重点领域，它对一个人的职业选择和发展都起着至关重要的作用。

3. 社会我

社会我是个体对自己的社会属性的认识，是对自己在社会和集体中的地位、他人对自我的期望的认识，包括个体对自己在各种社会关系中的角色、地位、权利、义务等的认识。社会我是由历史、文化、社会造成的。

（二）自我探索的方法

自我探索的方法有多种，可以归纳为经验法和职业测评法两大类。

1. 经验法

经验法指个体在人际交往中或依据过去的活动成果由他人或本人对自己进行主观的分析和评价。

（1）自我反省——回顾过去，发现自我

曾子说过，“吾日三省吾身。”古希腊哲学家苏格拉底也说过，“未经反省的生活是无价值的生活。”自我反省是一种简单、有效的自我探索途径。通过自我反省，大学生可以观察自己的行为、情绪和体验，并总结自身的特长、兴趣和职业倾向。

（2）他人评价——旁观者清，指出盲点

相对自我反省，他人的评价可能更为客观。因此，收集尽可能多的反馈，在不同的意见和观念中碰撞，大学生才能跳出自身局限，完善对自我的探索。

（3）班级、社团或其他活动——参与活动，亲身体验

个体对自我的了解有很大的情境性，只有在实际的情境中，个体才能看到自己表现得如何、喜欢什么不喜欢什么。对于接触社会较少的大学生而言，班级、社团的实践活动等为他们认识自我提供了很好的平台。通过平时多参加班级、社团或其他活动，大学生可以加深了解自己的兴趣、性格、技能、价值观等。

2. 职业测评法

职业测评是心理测验在职业心理测评上的具体运用。凡是经过测验的用以测量心理特征的工具均称为心理测验。心理测验的基本原理是，通过个体对问题情境的反应来推论他的心理特征，也就是从个体的外在行为模式来推知其内在心理特征。因此心理测验是间接地而不是直接地测量人的心理特征。大学生通过职业测评可以深入地分析和评价自己不知道且别人也不知道的一面——潜在我。

为了较好地发挥职业测评的效用，首先，大学生应该选择一个权威性比较高的心理测验；其次，在做测验的过程中，大学生应选择一个安静的、没有外界干扰的环境，按自己的真实想法作答。

第一节　兴趣

课堂案例

小李在高考填报志愿时懵懵懂懂，不知道如何选择专业。别人问他，“你喜欢什么？”，他却发现并不清楚自己真正喜欢什么。最后他听从了父母的意见，选择了计算机专业。进入大学以后，小李对计算机专业开设的课程越来越不感兴趣，无论如何努力，成绩也不理想，他变得郁郁寡欢。

小白有不少特长，从小到大，她学过唱歌、绘画、围棋、羽毛球……还获得过不少奖项。面对职业选择时，她也想知道，到底什么才是自己真正的兴趣呢？

分析

上述两位学生的情况在当今大学生中并不少见，有的人兴趣广泛，有的人兴趣模糊。一些学生在高考填报志愿时没有从兴趣的角度考虑，而是从将来就业、社会热门专业等方面考虑，他们进入大学后，很有可能对专业学习提不起兴趣而感到苦恼和困惑。

此外，大学生毕业一年内更换工作的比例非常高，究其原因是他们对自己的第一份工作不满意。他们认为第一份工作仅仅是由学校到社会的跳板，“没有考虑太多”“跟着感觉走”，因而他们并没有将兴趣爱好和未来职业发展两个因素同时考虑。

大学生应该将自己的兴趣与未来的职业结合起来，首先要正确认识自己，了解自己的兴趣，然后将兴趣与自己的专业和职业目标结合起来。

一、兴趣与生涯发展的关系

孔子曾说过，“知之者不如好之者，好之者不如乐之者。”这说明兴趣对学习的重要性。爱因斯坦也说过，“兴趣是最好的老师。”兴趣能激发个体的潜能，调动个体的积极性和创造性，使之对事业的完美充满渴求。爱因斯坦就是一个最好的例子，他从小就对宇宙和事物的结构充满好奇，最终成为一名物理学家。科学家爱迪生几乎每天都在实验室里辛苦工作十几个小时，在实验室里吃饭睡觉，但丝毫不以为苦，他说：“我一生中从未间断过一天工作，我每天其乐无穷。”从事感兴趣的工作是令人愉快的，积极的情绪体验会带给个体强烈的主观能动性，推动他们自觉、高效地完成工作。

（一）兴趣与投入是幸福感的来源

美国芝加哥大学心理学教授米哈利·契克森米哈花了 30 多年的时间对几百位各行各业的人进行访谈，研究是什么真正令人感到幸福和满足。他发现：当人们在专心致志地、积极地从事某项活动，并且忘记了时空和自我的时候，他们就会感到幸福和满足。他将这种状态称为“流动”（Flow），即聚精会神或忘我的状态。

课堂练习

回忆幸福时光

同学们请放松，深呼吸，然后回忆3个自己感到特别愉快的忘我时刻。请仔细回想当时的场景细节及自己的感受。

分组讨论：人在什么时候感到幸福?

在忘我状态下，人们不会考虑正在从事的活动会带来什么样的回报或担心自己的表现，而是整个人都忘情地投入其中，享受参与本身带来的快乐。

米哈利的这一发现说明：人们的满足感、幸福感往往来源于从事某项活动，而不是无所事事或单纯的享乐游玩（如看电视、睡觉等）。米哈利一直强调，要做自己喜爱的事情才能获得快乐，这也正是工作原本的意义所在。

（二）兴趣与职业兴趣的含义

兴趣是个体对特定的人、事物及活动产生的积极的和带有倾向性、选择性的态度和情绪。兴趣在个体的实践活动中具有重要的意义，它可以使个体集中精神，产生愉快紧张的心理状态。当个体对某事物有兴趣时，就会对它产生特别的注意力，对该事物感知敏锐、记忆牢固，同时个体也会变得思想活跃、情感浓厚、意志坚定。所以当一个人从事自己喜欢的工作时，会有很大的幸福感，可以为之废寝忘食。

兴趣可以划分为职业兴趣和非职业兴趣，其实几乎每一种兴趣都可以与某种职业联系起来。如果人们在择业时选择了与个人兴趣相关的职业，那么兴趣就会变成职业兴趣。职业兴趣是个体积极探究某种职业或者从事某项活动时表现出来的特殊个性倾向，它使个体对某种职业给予优先的注意，并具有向往的情感。兴趣不同，职业兴趣就有差异。职业兴趣在职业活动中起着重要作用。一个人对某种职业感兴趣，他在学习和工作中就能全神贯注、积极热情，富有创造性地努力完成任务。反之，一个人对自己的专业或工作毫无兴趣，他就会缺乏自觉地、主动地不断追求新的成就的热情，也不可能在本专业或本行业中有所建树。

职业兴趣发展一般要经历“有趣—乐趣—志趣”的过程。有趣是职业兴趣发展的第一阶段，是其低级水平，如有的大学生的职业兴趣易于变化，今天想当一名教师，明天想当一名服装设计师……这种职业兴趣是短暂和不稳定的。职业兴趣发展的第二阶段是乐趣，乐趣又称为爱好。它是在有趣定向发展的基础上形成的，是职业兴趣发展的中级水平。在这一阶段或水平上，个体的兴趣会向专一的、深入的方向发展。如一个人对无线电很有乐趣，他不但会学习这方面的知识，还会亲自装配和修理无线电设备，参加有关的兴趣小组。

志趣是职业兴趣发展的第三阶段，当乐趣与理想、奋斗目标、社会责任感结合起来时，便转为志趣，它是职业兴趣发展的高级水平。志趣具有社会性、自觉性和方向性 3 个特点，是个人取得成就的根本动力，是成功的重要保证。

（三）职业兴趣和生涯发展的关系

职业兴趣是个体获得工作满意度、职业稳定性和职业成就感的重要影响因素，已成为职业选择的重要考虑因素。

1. 职业兴趣影响职业选择

职业选择对于每一位大学生都具有十分重要的意义。大学阶段是职业兴趣日臻完善和成熟的阶段，它可以为职业生涯选择提供重要的依据。尽管大学生的职业选择受到了多重因素的影响乃至干扰，但在求职过程中，他们常会考虑自己对某方面的职业是否有兴趣，一旦对该职业感兴趣，就会坚定地追求，并为之尽心竭力。

2. 职业兴趣可以使个体提高工作效率，充分发挥才能

研究资料表明，如果一个人对某一职业有兴趣，能发挥出他全部才能的 80% ~ 90%，并且能较长时间保持高效率而不感到疲劳；而对从事的职业缺乏兴趣的人，只能发挥其全部才能的 20% ~ 30%，而且他们容易感到疲劳、厌倦。兴趣产生的内在驱力会形成不断进取的工作精神，在不自觉中会推动大学生排除种种困难，激发他们对该职业的求知欲和探索热情，充分调动其积极性，使其积极思考、情绪饱满、想象丰富，智能和体能进入最佳状态，最大限度地施展才华、挖掘潜力，发挥主动性和创造性，最终在职业生涯中获得成功。

3. 职业兴趣增强职业生涯适应性，影响工作满足感和幸福感

广泛的兴趣可以使个体善于应付多变的环境，即使变换工作性质，他们也能很快地熟悉和适应新的工作。如果一个人从事的工作是自己喜欢的，那他就会更愉快，对工作会更有激情，就能全神贯注、积极热情，富有创造性地努力完成所从事的工作，更有可能在该工作中获得满足感和幸福感。反之，一个人如果对自己的专业或工作毫无兴趣，即使他聪明能干，如果缺乏自觉地、主动地不断追求新的成就的热情，也不可能在本专业或本行业中有所建树，更谈不上获得满足感和幸福感。

二、霍兰德职业兴趣理论

（一）理论背景

兴趣测验的研究可以追溯到 20 世纪初，桑代克于 1912 年对兴趣和能力的关系进行了 6 种类型的探讨。1915 年詹穆士发展了一个关于兴趣的问卷，标志着兴趣测验的系统研究的开始。1927 年，斯特朗编制了斯特朗职业兴趣调查表，是最早的职业兴趣测验。库德又在 1939 年发表了库德爱好调查表。

美国约翰·霍普金斯大学心理学教授、职业指导专家霍兰德1953年编制了职业偏好量表（Vocational Preference Inventory，VPI），并在此基础上发展了自我指导探索（Self-Directed Search，SDS），据此提出了“人格特质与工作环境相匹配”理论。

1991年，迦递针对霍兰德的六边形模型中有关相邻职业群距离相等这一假设的局限性，提出了三层模型。两年后，普雷迪格尔在霍兰德的六边形模型的基础上加入了人和物维度、数据和观念维度，使职业的类型和性质有机地结合起来。美国大学考试中心在普雷迪格尔兴趣的两维基础上，将职业群体的具体位置标定在坐标图上，由此得到工作世界图。

（二）主要内容

由于人与人之间在素质和生活实践方面有很大的差异，因此人们的兴趣类型也会表现出很大的个别差异。霍兰德于1959年提出了具有广泛社会影响的职业兴趣理论。他认为，职业选择是人格的一种表现，而个人的兴趣类型也就是人格类型。自20世纪70年代以来，霍兰德提出了一系列的研究假设和成果。他认为：①职业选择是人格的一种表现，某一类型的职业通常会吸引具有相同人格特质的人，这种人格特质反映在职业上就是职业兴趣；②大多数人的职业兴趣可以归纳为6种类型（见图2-1）：现实型（Realistic type，简称R）、研究型（Investigative type，简称I）、艺术型（Artistic type，简称A）、社会型（Social type，简称S）、企业型（Enterprising type，简称E）、常规型（Conventional type，简称C）；③个人的职业兴趣往往是多方面的，很少仅集中在某一种类型上。每个人可能都或多或少地具备这6种职业兴趣，只是偏好程度不同。

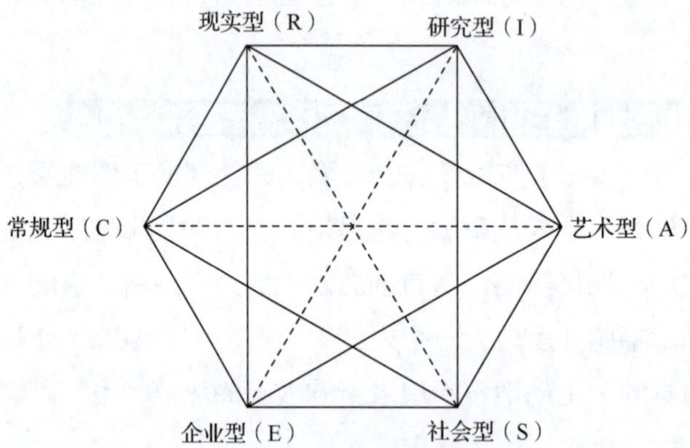

图2-1 霍兰德六边形模型

1. 职业兴趣类型的特点

（1）现实型

共同特点：愿意使用工具从事操作性工作，动手能力强，做事手脚灵活，动作协调；偏好于具体任务，不善言辞，做事保守，较为谦虚；缺乏社交能力，通常喜欢独立做事。

典型职业：使用工具、机器，需要基本操作技能的工作；要求具备体力、机械方面的才能或与物件、机器、工具、运动器材、植物、动物相关的职业，如技术性职业（计算机硬件人员、摄影师、制图员、机械装配工等），技能性职业（木匠、厨师、技工、修理工、农民等）。

（2）研究型

共同特点：是思想家而非实干家，抽象思维能力强，求知欲强，肯动脑，善思考，不愿动手，喜欢独立的和富有创造性的工作；知识渊博，有学识才能，不善于领导他人；考虑问题理性，做事喜欢精确，喜欢逻辑分析和推理，不断探讨未知的领域。

典型职业：侧重于智力的、抽象的、分析的、独立的定向任务；要求具备智力或分析才能，并将其用于观察、估测、衡量、形成理论、最终解决问题的工作，如科学研究人员、教师、工程师、计算机编程人员、医生、系统分析员等。

（3）艺术型

共同特点：有创造力，乐于创造新颖、与众不同的成果，渴望表现自己的个性，实现自身的价值；做事理想化，追求完美，不重实际；具有一定的艺术才能和个性；善于表达、怀旧、心态较为复杂。

典型职业：要求具备艺术修养、创造力、表达能力和直觉，并能够将其用于语言、行为、声音、颜色和形式的审美、思索和感受的工作，如艺术方面（演员、导演、艺术设计师、雕刻家、建筑师、摄影家、广告制作人等），音乐方面（歌唱家、作曲家、乐队指挥等），文学方面（小说家、诗人、剧作家等）。

（4）社会型

共同特征：喜欢与人交往，不断结交新的朋友，善言谈，愿意教导别人；关心社会问题，渴望发挥自己的社会作用；寻求广泛的人际关系，比较看重社会义务和社会道德。

典型职业：要求与人打交道的工作；从事提供信息、启迪、帮助、培训、开发或治疗等事务的工作，如教育工作者（教师、教育行政人员等），社会工作者（咨询人员、公关人员等）。

（5）企业型

共同特征：追求权力、权威和物质财富，具有领导才能；喜欢竞争、敢冒风险、有野心、有抱负；为人务实，习惯以利益（权利、地位、金钱等）得失衡量做事的价值，做事有较强的目的性。

典型职业：要求具备经营、管理、劝服、监督和领导才能，以实现机构、政治、社会及经济目标的工作，如项目经理、销售人员、营销管理人员、政府官员、企业领导、法官、律师等。

（6）常规型

共同特点：尊重权威和规章制度，喜欢按计划办事，细心、有条理，习惯接受他人的指挥和领导，自己不谋求领导职务；喜欢关注实际和细节情况，通常较为谨慎和保守，缺乏创造性，不喜欢冒险和竞争，富有自我牺牲精神。

典型职业：要求注意细节、精确度，有系统有条理的工作；具有记录、归档、据特定要求或程序组织数据和文字信息能力的职业。如秘书、办公室人员、记事员、会计、行政助理、图书馆管理员、出纳员、打字员、投资分析员等。

2. 内在关系

霍兰德划分的 6 种兴趣类型，并非是并列的、有着明晰边界的，这 6 种兴趣类型按照一个固定的顺序可排成一个六边形，即六边形模型，能标示出 6 种兴趣类型的关系。

① 相邻关系：如 RI、IR、IA、AI、AS、SA、SE、ES、EC、CE、RC 及 CR。属于相邻关系的两种类型的个体之间共同点较多，如现实型、研究型的人都不太偏好人际交往，在这两种职业环境中个体也都较少有机会与人接触。

② 相隔关系：如 RA、RE、IC、IS、AR、AE、SI、SC、EA、ER、CI 及 CS。属于相隔关系的两种类型的个体之间共同点较相邻关系少。

③ 相对关系：在六边形上处于对角位置的类型之间的关系即为相对关系，如 RS、IE、AC、SR、EI 及 CA。相对关系的人格类型共同点少，因此，一个人同时对处于相对关系的两种职业环境都兴趣很浓的情况较为少见。

3. 职业环境类型

霍兰德认为：①同一职业群体内的人有相似的人格特质，因此对情境和问题会有类似的反应，从而产生特定的职业氛围亦即职业环境，它具有特定的价值观念、态度倾向和行为模式；②工作环境也可以分为 6 种类型，其名称和性质与兴趣类型的分类一致；③具体职业通常也采用 3 个字母代码来描述其工作性质和职业氛围。例如，建筑师是 AIR，律师是 EAS。

人们通常倾向选择与自我兴趣类型匹配的职业环境，如具有现实型兴趣的人希望在现实型的职业环境中工作，以最好地发挥个人潜能。但在职业选择中，个体并非一定要选择与自己的职业兴趣完全对应的职业环境。

一则因为个体本身常是多种职业兴趣类型的综合体，单一类型显著突出的情况不多。

二则因为影响职业选择的因素是多方面的，不完全依据职业兴趣类型，还要参照社会的职业需求及获得职业的现实可能性。因此，个体在进行职业选择时会不断妥协，寻求与其职业兴趣类型相邻的职业环境、甚至相隔的职业环境。在这种环境中，个体需要逐渐适应工作环境。但如果个体寻找的是相对的职业环境，意味着其进入的是与自我兴趣完全不同的职业环境，则其工作起来可能难以适应，或者难以获得幸福感。

4. 霍兰德的兴趣类型编码

霍兰德的兴趣类型编码可以采取单编码、双编码、三编码的形式表示。个人的职业兴趣往往是多方面的，为了比较全面地描绘个人的职业兴趣，通常采用最强的 3 种职业兴趣的字母代码来表示一个人的职业兴趣，这 3 个字母之间的顺序表示了不同类型兴趣的强弱程度，如电影导演的职业的代码是 AEI，又如职业代码是 AEI 和 EIA 的人具有相似的兴趣，但他们对同一类型事务的兴趣强弱程度是不同的。

为了鉴别不同职业的代码，霍兰德及其同事进行了非常庞大的研究并最终出版了《霍兰德职业代码字典》,为12000多个工作提供了霍兰德代码。本书附录中有霍兰德编写的《霍兰德职业索引》，需要注意的是，该职业索引是一份未经本土化的版本，因此在职业名称和职业对应的霍兰德代码上可能与我国国情有偏差，在使用时仅供参考，主要是为了拓展大学生职业选择的思路，大家不必拘泥于职业代码。

霍兰德兴趣类型编码的特性有以下3个方面。

① 一致性：指类型之间的相通或对立程度，或者说在心理上一致的程度。各类型的一致性程度可以用它们在六边形上的距离表示：一致性高的，它们在六边形模型上的位置是相邻的；一致性中等的，其位置是相隔的；一致性低的，其位置是相对的。如现实型和研究型存在某些有共通的地方，表现为不善交际、喜欢做事而不善与人接触等，一致性高。

② 区分性：指类型编码的分化程度。某些人或某些职业环境的界定较为清晰，较为接近某一类型，而与其他类型相似甚少，这种情况表示区分性良好；若某些人与多种类型相近，则表示他们区分性较低。

③ 适配性：指个体与环境之间的匹配程度。适配性的高低，可以用于预测个人的职业满意程度、稳定性及职业成就。如研究型的人需要研究型的职业环境，只有这种职业环境才能给他们提供所需要的机会与奖励。因此，占主导地位的兴趣类型可以为个人选择职业和工作环境提供方向。

三、实践与应用

（一）霍兰德代码探索练习

课堂游戏

美丽岛屿

假设你坐飞机旅行，到了一片岛屿上空，飞机突然出现了问题，你不得不跳伞迫降到以下6座岛屿中的一个，这6座岛屿分别生活着不同的人。假如你的第一选择已经人满为患，你的第二选择是哪座岛？如果第二选择也人满了，你的第三选择又是哪座岛？请大家保留自己的选择结果。

R岛：自然原始的岛屿。岛上保留有热带的原始植物林，自然生态保护得很好，也有相当规模的动物园、植物园、水族馆。岛上居民以手工见长，自己种植花果蔬菜、修理房屋、打造器物，制作各种工具。

I岛：深思冥想的岛屿。岛上人迹较少，建筑物多偏处一隅，平川绿野，适合夜观星象。岛上有多处天文馆、科博馆，以及科学图书馆等。岛上居民喜好沉思、追求真知，喜欢和来自各地的科学家、哲学家、心理学家等交换心得。

A 岛：美丽浪漫的岛屿。岛上充满了美术馆、音乐厅，弥漫着浓厚的艺术文化气息。同时，当地的原住民还保留了传统的舞蹈、音乐与绘画，许多艺术和文艺界的朋友都喜欢在这里找寻灵感。

S 岛：温暖友善的岛屿。岛上居民个性温和、十分友善、乐于助人，社区均自成一个密切互动的服务网络，人们互助合作，重视教育，充满人文气息。

E 岛：显赫富足的岛屿。岛上居民热情豪爽，善于经营和贸易。岛上的经济高度发展，处处是高级饭店、俱乐部、高尔夫球场。来往者多是企业家、政治家、律师等。

C 岛：井然有序的岛屿。岛上的建筑十分现代化，整个岛充满进步的都市形态。该岛以完善的户政管理、地政管理、金融管理见长。岛民个性冷静保守，处事有条不紊，善于组织规则。

我最想降落的 3 座岛屿：＿＿＿＿＿＿＿、＿＿＿＿＿＿＿、＿＿＿＿＿＿＿。

岛屿关键词：＿＿＿＿＿＿＿＿＿＿＿＿＿＿＿＿＿＿＿＿＿＿＿。

这 6 座岛屿实际上代表着霍兰德提出的六种职业兴趣类型，即 R、I、A、S、E、C：

R 岛——现实型；

I 岛——研究型；

A 岛——艺术型；

S 岛——社会型；

E 岛——企业型；

C 岛——常规型。

第一选择体现了你最显著的职业性格特征、最喜欢的活动类型及最喜欢的大致职业范围。将 3 个选择依次排列，可形成一个不同岛屿的字母代码组合，如依次选择降落的岛屿为 R 岛、I 岛、C 岛，组合起来就是 RIC，对照《霍兰德职业索引》，可以找出对应的职业作为自己职业选择时的参考。

完成这个游戏后，你应当得出你的霍兰德代码，并对六种职业兴趣类型的基本特征有所了解。需要注意的是，这只是你对自己职业兴趣类型的一个初步判断。霍兰德理论比较复杂，初学者对霍兰德类型的掌握不深入，再加上社会期望和缺乏自我认识等原因，个人不易准确地判断自己的职业兴趣类型，这时职业兴趣测评能提供很好的参考。

（二）基于霍兰德理论的职业兴趣测评

霍兰德理论提出以后，对职业生涯辅导产生了广泛的影响。国内目前已有多种引进及自主研发的霍兰德兴趣测评版本。在选择测评工具时，需要注意它必须合乎心理测量的一些基本标准（如具有良好的信度和效度、提供常模参照，如果是自助式测评还需要有较为详细清晰的测评报告等）。

严格地讲，兴趣测评的结果不能被解释为“哪种职业适合我”，只能说是根据测评的常模样本，拥有某类型职业兴趣的人通常会选择同类型的职业，并且在从事该职业时感觉比较愉快、满足。由于同一种职业在不同的机构内其性质和工作内容可能有很大的不同，所以要具体情况具体分析。

做兴趣测评的目的是帮助大学生增进对自我及工作世界的认识，帮助个体进行更多的探索和学习，拓宽他们在职业前景上的思路、为其未来发展提供方向性的指导。因此大学生不要局限于测评结果建议的职业，也不要简单地用某些类型给自己贴标签，限定自己。

一些大学生在中学阶段以学业为重而缺少社会实践和探索，因此他们对职业、学科等的兴趣有可能停留在片面的印象中。如果仅以职业兴趣类型来标定，可能会限制大学生进一步的探索和发展。大学生仍然处在生涯发展的“探索期”，重要的不是得出某个确定的职业结果，而是以兴趣类型作为自己探索和定位的参考依据。

（三）其他方法

课堂游戏

请具体、详细地回答下列问题，回答时特别注意问题的第二部分，即“为什么”感兴趣的部分。若有可能，请与一位同伴相互讲述自己对问题的思考和回答。同伴可以提问、帮助讲述的人发掘细节和原因。这个练习的目的是帮助你回忆并梳理日常生活中有关个人兴趣的一些代表性事件，增进自我察觉，要仔细思考、认真讲述。

① 我的白日梦。请列举 3 种你非常感兴趣的职业（摒除所有现实的考虑）。这些职业的哪些特征吸引着你？

② 请回忆 3 个令你感到快乐（满足）的经历，并详细地描述这 3 个画面。是什么令你感到如此快乐（满足）？

③ 你最崇拜（敬佩）的人是谁？他对你产生了什么影响？你最像他的是什么地方？最不像他的是什么地方？

④你最喜欢看哪类电视节目或书刊？这些节目或书刊的哪些部分吸引着你？如果你到书店买书，你通常会停留在哪类图书的书架前（非学习需要）？

⑤ 闲暇的时候，如果只出于兴趣的考虑，你最想做什么、学什么？这里面又是什么吸引着你？

⑥ 我们在生活中都有过某些时刻，因为全神贯注于做某件事情而忘记了时间。什么样的事会让你如此专注？

⑦ 你的上述答案有什么共同点？是否能归纳为主题或关键词？这些主题或关键词可能和霍兰德的哪些职业兴趣类型相对应？你如何能够让这样的主题在你今后的生活中得到更充分的彰显？

（四）应用

霍兰德职业兴趣理论提供了一个重要的生涯辅导理念：把个人特质和适合这种特质的工作联合起来。经过多年的发展，霍兰德职业兴趣理论已在教育、培训、企业管理等领域有了越来越多的应用，对于个人升学就业具有重要的指导作用，已成为众多职业咨询机构的重要工具。

霍兰德职业兴趣理论可以帮助大学生做好职业选择和生涯规划。通过职业兴趣测评，大学生可以清晰地了解自己的职业兴趣类型和在职业选择中的主观倾向，综合自我探索和职业探索，帮助其做好大学学业规划，从而在求职中可以有的放矢地找寻最适合自己的职业，避免职业选择中的盲目性，从整体上认识和发展自己。

第二节 职业性格探索

课堂案例

小王，26岁，毕业于某大学中文系。小王性格文静，在毕业后进入一家事业单位当秘书。小王5年的秘书生涯一直平平淡淡，工作相当安逸，她也没有来自生活的压力。这家单位换了新的领导，新领导希望自己的秘书能帮他做更多组织沟通方面的事务。然而，这些要求和小王的个性相差较大，她很难适应。小王感觉到前所未有的职业压力，她想重新找一份工作。

分析

不论是即将走进职场的大学生，还是正在职场打拼的人，都会产生诸如“我的性格适合什么工作？”“和我性格匹配的职业有哪些？”“我性格中的优势和劣势是什么？”“我是不是继续从事目前的职业？”之类的困惑。要解决这些困惑，需要更清晰地了解自己的性格，了解性格和职业的关系。

一、性格与生涯发展的关系

（一）性格的解释

了解自己的性格是职业生涯探索中的一个重要部分。性格是人们对现实的稳定的态度和习惯化行为方式的总和，表现为个体独特的心理特征。性格也称为人格特质，是一个人在生活中对他人、对事情、对自己、对外在环境表现出来的一致性反应方式。每个人在其成长经历中，都会受到生理、遗传、文化、家庭教育、学习经验等因素的交互作用，从而形成自己的独特个性，在不同的情境中表现出特定的气质。

（二）关于职业性格

1. 职业性格的含义

职业性格是人们在长期特定的职业活动中形成的、与职业联系比较稳定的心理特征。不同的职业岗位需要不同的职业性格。

2. 职业性格的类型

职业性格的类型可供求职者在选择职业时参考，或自己努力适应职业的需求。

有专家按职业和性格的关系，将职业性格划分为以下 9 类。

① 独立型：这类性格的人喜欢计划自己的活动和指导他人的活动；他们在独立和负有职责的工作环境中感到愉快，喜欢对将要发生的事情做决定。

② 机智型：这类性格的人在紧张和危险的情境下能很好地执行任务；他们在危险的状况下能镇定自如、自我控制，出色地完成任务。

③ 变化型：这类性格的人在新的、意外的活动或工作环境中感到愉快；他们喜欢经常变换工作，追求多样化的活动，在有压力的情况下可以工作得很出色；他们的注意力易转移，他们也易于适应新的工作环境。

④ 重复型：这类性格的人喜欢连续不断地从事同样的工作，喜欢按照机械的或别人安排好的计划或进度办事，喜欢重复有规则、有标准的职业。

⑤ 严谨型：这类性格的人注重细节，喜欢按一套规则和步骤将工作尽可能做到完美，以便能看到自己付出努力后的工作效果。

⑥ 协作型：这类性格的人在与人协同工作时感到愉快，他们善于引导他人按客观规律办事，希望得到同事的肯定。

⑦ 自我表现型：这类性格的人喜欢能够表现自己爱好和个性的工作环境，通过工作来表达自己的思想和情感。

⑧ 劝服型：这类性格的人喜欢设法使他人同意自己的观点，一般通过谈话或写作来达到目的；他们对他人的反应有较强的判断力，且善于影响他人的态度、观点和判断。

⑨ 服从型：这类性格的人喜欢按他人的指示办事，不愿自己独立做决策，而喜欢让他人对自己的工作负责。

大学生根据职业性格选择职业，能使自己以最不耗能的行为方式与职业工作相吻合，因而能提高工作效率，使自己得心应手地驾驭本职工作。

3. 职业性格与职业的关系

职业性格之于职业，就像人们的“左右手”之于写字。当人们用自己常用的那只手写字时，会“得心应手”，很自如；而当人们用另一只手写字时，就会感到不习惯。

每个人做事都有自己擅长的一面，也有自己不擅长的一面。如果能够找到一个适合的环境发挥自己的长处和优势，那么个体往往会取得佳绩。大学生只有知晓自己的职业性格，并了解与之相适应的环境和职业，才能做出合乎自己情况的职业选择。这样的最佳匹配，会使得大学生成为有效的工作者。

（三）影响职业性格形成的要素

职业性格反映了个体的生活和工作历史，它是人在与周围环境的相互作用过程中逐渐形成的。职业性格是相对稳定的，又是可调适和完善的。个体应了解职业性格如何形成，并在生活、学习实践及未来的工作中不断完善，使其更符合职业要求，使自己成为一个合格的从业者。影响职业性格形成的因素主要有自身素养、职业环境和职业实践活动3个方面。

1. 自身素养对职业性格形成的影响

人的外在表现与内心息息相关，内在有什么样的素养，外在就会有什么样的表现。一个人的内心如果非常沉稳，给人的感觉就会十分镇定冷静而且坦然。内心境界直接决定人的思想，思想决定行动，积极的思想会产生积极的行动，如果个体的内心非常积极，表现出来的就是一种坚持投入和认真。大学生要自觉地分析自己的职业性格，对照职业所需，勇于弥补性格缺陷。

2. 职业环境对职业性格形成的影响

人的职业性格受其所处的职业环境影响，性格特征反映了职业环境对人的性格的要求和期待。职业群体内部的状况及其他职业群体的关系都会对个体职业态度的形成产生重大的影响，如单位的工作性质、经济状况、领导作风、社会地位、规章制度、晋升通道、员工关系、企业文化氛围等。

3. 职业实践活动对职业性格形成的影响

对职业性格形成而言，起主导作用的活动类型会随年龄变化。在学前期，游戏活动起主导作用；在学龄期主要是劳动和社会活动起主导作用；成人后，职业活动影响最大，个体在不同阶段从事的职业不同，其中某一种职业活动可能起主导作用。

（四）职业性格与生涯发展的关系

1. 适配——帮助个体寻找合适的职位

① 职业性格与工作匹配：效率高、节能、持久。

② 职业性格与他人匹配：关系稳定。

个体只有在稳定关系中不断保持效率，在行业中才会有长足的发展。大学生越早探索职业性格越有意义，因为还有机会去适配。

2. 平衡——到其他角色中满足自己的本性

① 从其他角色补充能量。

② 丰富业余生活。

③ 获得外界的理解与支持。

3. 接纳——尊重自己和他人，理解自己和他人

① 每种职业性格类型本身没有优劣之分，在应对现实的过程中，各有利弊。不要以己之短比他人之长，也不要以己之长比他人之短。

② 只有相对的适配性，没有绝对的适配性。职业性格也和职业兴趣一样，不能直接等同于能力，也不能直接等同于职位。

③ 大学生要学习接纳自己，理解他人。

4. 完善——不断提高自己的适应能力

大学生要接纳并享受职业性格带来的优势，改变或回避职业性格带来的局限。

① 如果有选择机会，扬长避短是最好的。

② 如果结合现实，暂时没有更好的选择机会，就要扬长补短，用能力来弥补。

二、通过 MBTI 了解性格

（一）MBTI 简介

1913 年，瑞典心理学家荣格在国际精神分析学大会提出个性的两个态度类型：内倾和外倾。1921 年，他出版了《心理类型学》一书。1942 年，美国心理学家布里格斯和女儿迈尔斯根据她们对人类性格差异的长期观察和研究，提出了更加完善的性格类型学的四维八极模型。

迈尔斯－布里格斯类型指标（Myers Brigs Type Indicator，MBTI）来源于瑞典心理学家荣格有关知觉判断和人格态度的观点。由布里格斯和女儿迈尔斯研究发展成为心理测评工具。

MBTI 有许多研究数据的支持，属于信度、效度都较高的心理测评工具。我国于 1994 年出版了其 MBTI-G 版本。它的用途非常广泛，被用于自我探索、职业发展、人才选拔、团队建设、管理培训、恋爱与婚姻咨询及多元化培训中。

（二）MBTI 的四大维度

1. E-I 维度

（1）外倾（Extroversion，E）

外倾型的人注意力和能量主要指向外部世界的人和事，从与人交往和行动中得到活力。其主要特点如下。

① 关注外部环境。

② 喜欢用谈话的方式进行沟通。

③ 通过谈话形成自己的意见。

④ 用实际操作或讨论的方式能学得最好。

⑤ 兴趣广泛。

⑥ 好与人交往，善于表达。

⑦ 在工作和人际关系中都很积极主动。

（2）内倾（Introversion，I）

内倾型的人注意力和能量集中于自己的内心世界，从对思想、回忆和情感的反思中得到活力。

其主要特点如下。

① 关注自己的内心世界。

② 更愿意用书面的方式沟通。

③ 通过思考形成自己的意见。

④ 用思考、在头脑中“练习”的方式学得最好。

⑤ 兴趣专注。

⑥ 安静而显得内向。

⑦ 先思考，后行动。

⑧ 当事情或事件对他们具有重要意义时会采取主动。

外倾型的人会因外界需要而精力充沛，或者因他人的鼓舞而充满活力，他们倾向于探索外部的世界；内倾型的人会从思想经验、自我意识等内部世界获得心理能量，他们相对保守文静，对自己的情感可以很好地控制。

需要提醒的是，MBTI中所讲的内倾和外倾不同于人们日常所说的“内向”和“外向”。在习惯中，人们认为外向的人善于和人打交道，能言善辩；内向的人不善言辞，缺乏交际能力。MBTI中所谈的外倾、内倾，是以能量朝向角度来区分的，内倾者并非不能说，只是他们谈话的内容更多地向内部而已。MBTI是从性格角度出发的。例如，内倾者不愿意和不同的人打交道，但不代表他们的人际交往能力差。所以，在进行内倾、外倾探索时，应当注意区别它们的不同。

2. S-N维度

（1）感觉（Sensing，S）

感觉型的人用自己的五官获取信息，他们喜欢收集实实在在的确实已出现的信息，对于周围发生的事件观察入微，特别关注现实。

其主要特点如下。

① 着眼于当前的实际情况。

② 现实理性。

③ 关注真实的、实际存在的事物。

④ 观察敏锐并能记住细节。

⑤ 经过仔细周详的推理一步步得出结论。

⑥ 通过实际运用来理解抽象的思维和理论。

⑦ 相信自己的经验。

（2）直觉（Intuition，N）

直觉型的人通过想象、无意识等超越感觉的方式获取信息，他们喜欢看整个事件的全貌，关注事实之间的关联，想要抓住事件的模式，特别善于看到新的可能性。

其主要特点如下。

① 着眼于未来的可能。

② 富于想象力和创造性。

③ 关注数据代表的模式和意义。

④ 当细节与某一模式相关时才能够记住。

⑤ 靠直觉很快得出结论。

⑥ 希望在应用理论之前能先对之进行澄清。

⑦ 相信自己的灵感 。

感觉和直觉是人们获取信息的两种方式。感觉型的人倾向于用五官获取精确的信息；直觉型的人则习惯于通过所谓的第六感获取信息，他们更注重事情的含义、象征意义和潜在意义。在现实生活中，感觉型和直觉型的人区别也很明显。例如，对某个人的印象，感觉型的人往往能够说出他的相貌、衣着，如长脸还是圆脸，有没有戴眼镜等；而直觉型的人能更多说出的是对这个人的感觉，如诚恳、热情等。

感觉型和直觉型的人的不同，可能会造成他们在工作上的冲突。感觉型的人更关注事情的细节和事实，适合应用类的工作；而直觉型的人更喜欢新的问题和可能性，适合理论类的工作。感觉型的人可能会觉得直觉型的人太富幻想，不切实际；而直觉型的人则会认为感觉型的人太保守、抵触革新。其实二者在工作中各有所长，可以很好地配合：直觉型的人因为较重视事物的全貌，适合做策划方面的工作；而感觉型的人注重细节和现实，适合做执行决策方面的工作。

3. T-F维度

（1）思考（Thinking，T）

思考型的人通过分析某一行动或选择的逻辑后果来做决定，他们会将自己从情境中分离出来，对事件的正反两面进行客观分析，从分析和确认事件中的错误并解决问题中获得活力。他们的目标是找到一个能应用于有相似情境或标准的原则。

其主要特点如下。

① 喜欢分析。

② 喜欢运用因果推理。

③ 以逻辑的方式解决问题。

④ 寻求一个合乎真理的客观标准。

⑤ 喜欢讲道理。

⑥ 可能显得不近人情。

⑦ 认为公平意味着每个人都能得到平等的待遇。

（2）情感（Feeling，F）

情感型的人喜欢考虑对自己和他人来说什么是重要的，他们会在头脑中将自己放在情境牵涉的所有人的位置上并试图理解别人的感受，然后在此基础上根据自己的价值判断做出决定。他们从对他人表示赞赏和支持中获得活力。其目标是创造和谐的氛围，把每一个人都当作一个独特的个体来对待。

其主要特点如下。

① 体贴他人并能感同身受。

② 受个人价值观的引导。

③ 衡量决定对他人产生的后果和影响。

④ 寻求和谐的气氛和积极的人际交往。

⑤ 富有同情心。

⑥ 可能会显得心肠太软。

⑦ 认为公平意味着每个人都要被作为独特的个体来对待。

思考和情感是关于人们如何处理和获取信息的。思考型的人习惯通过分析数据权衡事实来做出符合逻辑的、有目的的结论和选择；而情感型的人则习惯于通过自己的价值来做决定，他们通常会对信息做出个人的、主观的评价。思考型的人通常是直接的、分析性的，他们用大脑做决定；而情感型的人更坚信自己的价值观并习惯于用心灵做决定。需要说明的是，此处的“情感”并不等于“情绪化”，它也可以是符合逻辑的，只是依据不同而已。

做决策时，思考型的人以事为主，情感型的人以人为主。由此可以看出，思考型的人重在解决问题，而情感型的人更关注感受。在工作中，情感型的人很看重所做事情的价值是否符合自己的价值观，愿意追求心灵层面的东西，他们更喜欢和谐的工作环境，并乐意为人服务；思考型的人讲究逻辑性，他们更容易分析、解决问题，尤其愿意和概念、数字或者具体事物打交道，找到客观的标准和原则是他们的乐趣。

4. J-P维度

（1）判断（Judging，J）

判断型的人喜欢将事情管理得井井有条，过一种有计划的井然有序的生活。他们喜欢做出决定，完成后继续下面的工作。他们的生活通常比较有规划、有秩序。他们喜欢把事情敲定下来，照计划和日程安排办事情对他们来说很重要。他们从完成任务中获得能量。

其主要特点如下。

① 有计划的生活。

② 喜欢组织管理自己的生活。

③ 有系统有计划。

④ 按部就班。

⑤ 喜欢制订短期和长期计划。

⑥ 喜欢把事情落实敲定。

⑦ 力图避免最后一分钟才做决定或完成任务的压力。

（2）知觉（Perceiving，P）

知觉型的人喜欢以一种灵活、自发的方式生活，他们更愿意去体验和理解生活而不是去控制生活。详细的计划或最后决定会使他们感到被束缚。他们愿意对新的信息和选择保持开放，直到最后一分钟。他们足智多谋，善于调节自己适应当前场合的需要，并从中获得能量。

其主要特点如下。

① 自发的。

② 灵活。

③ 随意。

④ 开放。

⑤ 适应性强，可以改变方向。

⑥ 不喜欢把事情确定下来，以留有改变的可能性。

⑦ 最后一分钟的压力会使他们感到活力充沛。

判断和知觉是关于人们在与外界发生关系的过程中是如何做决定的。判断型的人会通过思考和情感去组织、计划和调控自己的生活；而知觉型的人倾向于用感觉和直觉的方式去对事物做决定，他们的态度通常是灵活的、开放的。判断型的人喜欢将事情管理得井井有条，习惯过一种井然有序的生活。 当他们做决定时，他们会做明确的计划，并考虑不同的观点；而知觉型的人喜欢自发随意地处理问题，他们愿意保持开放的思想。

在工作中，知觉型的人可能会面对太多的事情却难以完成，但他们往往很灵活、善于抓住机会，对他们来说，面对新的环境或情境去适应和理解它远比管理它要有趣；判断型的人常拘泥于计划和秩序，如果计划被打乱会非常烦躁，在他们眼中，有系统的工作和秩序是最重要的。

三、MBTI 与职业的匹配

了解自己的 MBTI 类型，可以帮助个体了解职业倾向。有研究数据表明，S-N、T-F 两种维度的组合 ST、SF、NF、NT 与职业的选择更为相关。

① ST 型的人更关注通过实效和实际的方式应用详细资料，适合商业领域。例如，一位 ST 型心理咨询硕士将会成为心理测评和应用方面的专家。

② SF 型的人喜欢通过实践的方式帮助别人，适合健康护理和教育领域。例如，一位 SF 型的心理咨询硕士将关注自己的管理、督导技能，以发展和促进同事之间有效的工作关系。

③ NF 型的人希望能通过在咨询、艺术等领域的工作来帮助他人。例如，一位 NF 型的心理咨询硕士将成为临床专家来帮助人们成长、发展，学习如何更好地了解自己和他人。

④ NT 型的心理咨询硕士将运用他的战略重点和管理技巧，成为人力资源领域的管理者。

工作安全感则受 IJ、IP、EP、EJ 的影响最大，其中 EJ 型的人最易获得工作安全感，IP 型的人常常在工作中对组织、未来等缺乏安全感。

MBTI 衡量的是个人的类型偏好或倾向。所谓“偏好”，是一种天生的倾向，是一种特定的行为和思考方式。这些偏好并无优劣之分，却形成了人与人之间的不同。它们各自识别了一些个体正常和有价值的行为，也可能成为误解和偏见的来源。

在 MBTI 测评结果中，一个人在每个维度上只能是一种偏好，如一个人是内倾型的就不可能是外倾型的，是知觉型的就不会是判断型的。但是，这并不代表一个人是内倾型的就没有丝毫外倾型的特征。一个人如果是内倾型的，就意味着在绝大多数情况下其自然反应是内倾的，但也有可能有外倾的时候。在特别的情境下，其主要表现甚至可能为外倾。所以，不要绝对地看待测评的结果。

事实上，由于环境的限制，个体常常不能完全按照自己天性生活。因此，大学生在判断自己更偏向于哪方面的时候要注意区分到底是出于天生的倾向还是出于社会的期望，关注哪些是自己的第一反应，哪些是出于自己天生的偏好。在运用 MBTI 时，大学生应该注意：每种类型的人都是独特的，会在适合的环境中发挥自己的特点。认识自己的性格类型，可以让大学生更好地了解自己，理解自己的行为特点，根据自己的特点学习、工作和解决问题，但这并不意味着它可以成为约束自己不做某事或不选择某种事业的借口。

世界上没有百分之百适合或不适合某种性格的职业，懂得用己所长，整合资源，才是问题解决之道。认识性格旨在帮助大学生更好地了解自己的行为和做事特点，理解他人为何与自己不同。评价的标准不止一个，人与环境的互动也很复杂，很难用某个标准来评价。所以，不要因性格类型而固化地看待甚至歧视某些人。

课堂游戏

我的 MBTI 性格代码探索

步骤一：你的 MBTI 代码是＿＿＿＿＿＿＿＿。

步骤二：你的哪些维度区分较为明显，哪些维度区分较为模糊？

步骤三：你的 MBTI 匹配对应的职业领域或方向是＿＿＿＿＿＿＿＿。

第三节　技能

课堂案例

小杨，20岁，某大学大三在读学生。和同学比起来，他痛感自己的人际交往技能差，很自卑。他对自己专业的学习也没有信心，不打算以后从事本专业的工作。但对非本专业的领域，他又没有足够扎实的基础，对自己的前途并不看好。同时他感觉如果放弃四年的专业学习会很可惜，甚至会有挫折感。对于未来，他感到很茫然。

分析

掌握就业能力是每个人求职的基础，大学生在大学期间应该有意识、系统地培养自己的就业能力。

一、能力与生涯发展的关系

（一）能力的分类

能力按照其获得的方式（先天具有与后天培养）可以分为“能力倾向”和“技能”两大类。

能力倾向（Aptitude）指每个人与生俱来的特殊才能，如音乐、运动能力等。它是天生的，但也有可能因未被开发而荒废。因此，能力倾向是一种潜能。遗传、环境和文化都会影响能力倾向的发展。技能（Skill）指每个人经过后天学习和练习培养形成的能力，如阅读能力、交往能力、表达能力等。

（二）能力倾向的分类

关于人的能力倾向，传统的智力理论通常以语言能力和数理逻辑能力为整体评判的标准，也就是人们常说的IQ。1983年，哈佛大学教授、发展心理学家加德纳提出了多元智力论（the theory of multiple intelligences）。他认为，智力是多元的，是由同样重要的多种能力而不是一两种核心能力构成的，而且各种能力不是以整合的形式存在的，而是以相对独立的形式表现出来的。他的研究表明，人类至少有7种不同的智力：言语语言智力、逻辑数理智力、视觉空间智力、音乐—节奏智力、身体—动觉智力、交往交流智力和自知—自省智力。

这7种智力在个人的智力结构中处于同等重要的地位。每个人都同时拥有这7种智力，但它们在每个人身上以不同的方式、不同的程度组合，从而使每个人的智力各具特点。从这个意义上说，加德纳的多元智力理论告诉人们：对于世界上的每个人来说，不存在谁更聪明的问题，只存在不同个体在哪个方面聪明的问题。每个人都是独特的。如果一个人能充分发挥自己独特的天赋，那么就会获得成功。

（三）能力与生涯发展的关系

1. 适配

大学生在就业前不仅要了解自己拥有哪些能力，还要了解有哪些岗位，每个岗位的基本要求是什么，这样才能找到适配的岗位。

2. 行动

如果发现自己的能力和岗位要求不匹配，大学生就应努力提升自己的技能，即去学习。

学习分三个层次：专业化（记忆，专业知识技能），职业化（练习，可迁移技能），事业化（内化，自我管理技能）。在学习过程中，大学生应重点关注以下 3 个问题。

① 区别专业学习与业余休闲。

② 加强职业化训练。

③ 积极提升职业素养。

3. 平衡

大学生在努力学习，追求能力与岗位要求匹配的过程中，也要了解平衡的重要性。

① 工作只是生活的一部分，不是人生的全部。

② 在工作中重要的是获取成就感、满足感。

（四）接纳

大学生要接纳自己当下的状态，接纳自己真实的样子。只有学会悦己，才能更好地迎接职场的挑战。

二、技能的分类

美国的辛迪·梵和理查德·鲍尔斯把职业技能分成专业知识技能、可迁移技能和自我管理技能。这 3 种技能是专门针对职业的要求提出的。

（一）专业知识技能

专业知识技能指那些需要通过教育、培训才能获得的、特别的知识或能力，也就是个体通过学习掌握的知识。专业知识技能一般用名词表示。专业知识技能也不可迁移，也就是说，它们是一些特殊的语言、程序和学科内容，必须经过有意识的、专门的培训才能掌握。专业知识技能的特点如下。

① 知识是人类历史经验的总结。

② 专业知识技能，就是个体掌握的理论知识，用名词表示。

③ 专业知识技能需要通过背诵、记忆获得。

④ 学习专业知识技能不仅要全面，还要系统。

（二）可迁移技能

可迁移技能就是一个人会做的事，比如教学、组织、说服、设计、安装、帮助、计算、考察分析、搜索决策、维修等。可迁移技能的特征是它们可以在生活中的方方面面，特别是工作之外得到发展，且可以应用于工作之中。可迁移技能的特点如下。

① 可迁移技能是个体能胜任的活动，具体表现为一个人能从事的工作内容。

② 可迁移技能往往通过观察、实践、思考、熟练等过程获得，用动词表示。

③ 可迁移技能是往往具有通用性。

④ 可迁移技能是用人单位最看重的部分。

事实上专业知识技能的运用都是在可迁移技能的基础之上的。举例来说，一个人的专业知识技能也许是动物学，但怎样运用它呢？是“教授”动物学，还是当宠物医生“治疗”动物，或是“撰写”科普文章宣传爱护野生动物，这些都是可迁移技能。

（三）自我管理技能

自我管理技能经常被看作个性品质而非技能，因为它们一般被用于描述或说明个体具备的某些特征，如个体在不同的环境下如何管理自己：是勇于创新还是循规蹈矩，是认真细致还是敷衍了事，能否在压力下保持镇定，是否对工作有热情，是否自信等。良好的自我管理技能，能够帮助个体更好地适应周围的环境，应对工作中出现的问题，因此它也被称为“适应性技能”。自我管理技能的特点如下。

① 自我管理技能是一个人在工作中表现出来的特征和品质。

② 自我管理技能通常通过认同、模仿、内化等途径获得，用形容词和副词表示。

③ 自我管理技能有时又被称为“职业素养”。

④ 自我管理技能是影响职业生涯成功与否的关键因素。

自我管理技能无论是一个人先天具有的还是后天习得的，都需要练习，如耐心、负责、热情这些技能并不能通过专门的课程习得，而是在日常生活中随时随地培养的。可以从非工作（生活）领域迁移转换到工作领域。

三、职业技能的要求

有些职业需要个体具备专门的知识或证书（如医学、程序设计、化工等领域），但大部分职业并不要求个体具备什么特殊的专业知识技能，而需要他们具备一些更普遍、一般性的技能和素质（即可迁移技能和自我管理技能）。根据美国“全国大学与雇主协会”（National Association of Colleges and Employers）的调查，美国雇主们最重视的技能和个人品质按顺序排列如下。

① 沟通能力。

② 积极主动性。

③ 团队合作能力。

④ 领导能力。

⑤ 学习成绩。

⑥ 人际社交能力。

⑦ 适应能力。

⑧ 专业技术。

⑨ 诚实正直。

⑩ 工作道德。

⑪ 分析和解决问题的能力。

从中可以看到，第①、④、⑥、⑦、⑪都属于可迁移技能，第②、③、⑨、⑩都属于自我管理技能，而第⑤和第⑧属于专业知识技能。

在美国进行的另一份调查结果也显示雇主非常重视员工的自我管理技能和可迁移技能。具体能力要求如下。

① 善于学习。

② 具备读、写、算的能力。

③ 具备良好的交流能力，包括听说能力。

④ 具备创造性思维和解决问题的能力。

⑤ 自尊、积极，有奋斗目标。

⑥ 具备个人和事业开拓能力。

⑦ 具备交际、谈判能力及团体精神。

⑧ 具备良好的组织和领导能力。

我国许多企业在招聘人才时不仅看其学习成绩，更重视大学生的综合能力，如良好的沟通、表达能力，较强的分析、组织能力及领导能力等，尤其是团队精神。

课堂游戏

我的职业技能评估

步骤一：你的专业知识技能有 ______________________；

你的可迁移技能有 ______________________；

你的自我管理技能有 ______________________。

步骤二：你未来的工作方向需要的技能有 ________________。

步骤三：你和工作之间的技能差距有 ________________。

步骤四：你如何提升技能，缩短差距？

第四节　价值观

课堂案例

小王是一名外语系的学生。想到大学毕业后的前途，她觉得很迷茫。一方面，她觉得做一名相对稳定的翻译也许挺适合自己；另一方面，她又不满足于只给别人打工，希望能在事业上有自己的天地。从小她的心气就比较高，好强的性格促使她想去拼搏一番。不过，她又觉得自己的能力有限。究竟自己将来能做到什么程度？能让自己满意吗？她很困惑。

分析

鱼和熊掌不可兼得。所谓适合自己的“好工作”，一定是能让自己全身心投入并实现自己价值的工作。

一、价值观与生涯发展的关系

（一）价值观与职业价值观的内涵

1. 价值观的内涵

价值观的内涵如下。

① 价值观是个体用于区别好坏、分辨是非及其重要性的心理倾向体系。

② 价值观反映个体对客观事物的是非及重要性的评价。

③ 价值观是个体在做选择和判断时所最看重的原则、标准和品质。

2. 职业价值观的内涵

职业生涯大师舒伯认为，职业价值观是个体追求的与工作有关的目标，即个体在从事满足自己内在需求的活动时追求的工作特质或属性，它是个体价值观在职业问题上的反映。职业价值观的内涵如下。

① 职业价值观就是在某一个阶段，人们在职业中最看重的原则、标准和品质。

② 职业价值观也叫工作价值观，指人生目标和人生态度在职业选择方面的具体表现，是个人对职业的认识和态度以及他对职业目标的追求和向往。

③ 职业价值观对个体的职业认识、职业选择、职业生涯发展等都具有重要的影响。

（二）职业价值观的结构

职业价值观的结构，即职业价值观的组成因素及其排列和搭配方式。对职业价值观结构的探讨，一直是职业价值观研究中的重点和热点。目前，主要存在以下几种职业价值观结构划分方式。

1. 二因素论

二因素论是赫兹伯格提出的理论，他把职业价值观分为内在价值和外在价值。金盛华和李雪在此基础上将大学生职业价值观维度分成目的性职业价值观和工具性职业价值观。目的性职业价值观指个体评价和选择职业的内隐动机性标准；工具性职业价值观指个体评价和选择职业的外显条件性标准。前者包括家庭维护、追求地位、成就实现和社会促进，后者分为轻松稳定、兴趣性格、规范道德、薪酬声望、职业前景和福利待遇。

2. 三因素论

金斯伯格等人把职业价值观分为有关工作活动本身的、有关工作报酬的和有关工作伙伴的。易里哲从另一个角度将职业价值观划分为 3 个维度：情感、认知、工具。黄希庭等人把职业价值观分为职业目标、实现职业价值的手段、职业评价。马剑虹和倪陈明的研究抽取的 3 个因素分别是组织环境、工作评价和个人要求。凌文铨等人应用科学的实证研究得出的三因素为发展因素、保健因素、声望地位因素。

3. 四因素论

拉尔瑟博将职业价值观抽取为名望、利他、满意、个人发展四个方面。舍克斯把职业价值观划分为内在价值、外在价值、社会价值和威望价值。赵喜顺把职业价值观分为兴趣爱好型、社会利益型、声望舒适型和经济型。王垒、马洪波通过研究北京大学生的工作价值观结构，将其分为工作报酬与环境、个人成长与发展、组织文化与管理方式、社会地位与企业发展 4 个维度。

4. 五因素论

宁维卫以修订的萨珀量表为工具，从职业价值观的研究结果中抽取了 5 个因素：进取心、生活方式、工作安定性、声望和经济价值。

5. 六因素论

奥康纳和金纳姆从职业价值观中抽取出独立性和多样化、工作条件和同事关系、社会和艺术、安全和福利、名望及创造性 6 个维度。于海波、张进辅编制了中国高等院校大学生的职业价值观量表，其维度结构为自我发展、人际关系、贡献、物质生活、威望和家族，较为适合我国高校，并且在实际中得到了运用。

6. 多因素论

对职业价值观划分得最为具体的是萨珀，他提出了 15 项职业价值观的组成因素，包括智力刺激、利他主义、经济报酬、变动性、独立性、声望、美感、同事关系、安全性、生活方式、监督关系、工作环境、成就、管理、创造性。这 15 项职业价值观可以分为三大类：内在职业价值，指与职业本身性质有关的一些因素，如创造性、独立性等；外在职业价值，指与工作性质无关的一些因素，如工作环境、同事关系等；外在报酬，包括职业的安全性、经济报酬等。

（三）职业价值观的分类

根据不同的划分方式，职业价值观的种类也不同。

1. 美国心理学家洛特克的 13 种职业价值观维度

洛特克在其著作《人类价值观的本质》（The Nature of Human-Values）中提出了以下 13 种职业价值观维度。

① 成就感：获取社会地位，得到社会认同，希望工作能受到他人的认可，对工作的完成和挑战成功感到满足。

② 审美追求：有机会多方面地欣赏周围的人、事、物，或任何自己觉得重要且有意义的事。

③ 挑战：有机会运用聪明才智解决困难，会舍弃传统的方法，而选择创新的方法处理事物。

④ 健康：包括身体和心理，工作能够免于焦虑、紧张和恐惧，希望能够心平气和地处理事物。

⑤ 收入与财富：工作能够明显、有效地改变自己的财务状况。

⑥ 独立性：在工作中能有弹性，可以充分掌握自己的时间和行动，自由度高。

⑦ 爱、家庭与人际关系：关心他人，能与他人分享，协助他人解决问题，体贴、关爱，对周围的人慷慨。

⑧ 道德感：能够与组织的目标、价值观和工作使命不冲突，紧密结合。

⑨ 欢乐：享受生命，结交新朋友，与他人共处，一同享受美好时光。

⑩ 权力：能够影响或控制他人，使他人照着自己的意愿行动。

⑪ 安全感：能够满足基本的需求，有安全感，远离突如其来的变动。

⑫ 自我成长：能够追求知识上的刺激，寻求更圆满的人生，在智慧知识与人生的体会上有所提升。

⑬ 协助他人：认识到自己的付出对团体是有帮助的，他人因为自己的行为受惠颇多。

2. 学者田崎仁的九分法

① 自由：拥有执行任务的高自由度。

② 经济：经济方面能得到满足。

③ 支配：最看重掌控力或权力。

④ 小康：最看重稳定的生活。

⑤ 自我实现：从事的是自己擅长的、认为有价值的事情。

⑥ 志愿：服务或奉献才有意义。

⑦ 技术：技能在过程中可以获得成长。

⑧ 合作：与他人合作是工作中最重要的部分。

⑨ 享受：工作也是为了享受。

这个理论模块的价值观的学习更适用于没有参加工作的人。

3. 阚雅玲的 12 类职业价值观组成因素

① 收入与财富：工作的目的或动力主要来源于对收入和财富的追求，并以此改善生活质量，显示自己的身份和地位。

② 兴趣特长：以自己的兴趣和特长作为选择职业最重要的因素，能够“扬长避短、趋利避害、择我所爱、爱我所选”，可以从工作中得到乐趣和成就感。

③ 权力地位：有较高的权力欲望，希望能够影响或控制他人，使他人照着自己的意愿行动；认为有较高的权力地位会受他人尊重，从中可以得到较强的成就感和满足感。

④ 自由独立：在工作中能有弹性，不想受太多的约束，可以充分掌握自己的时间和行动，自由度高，不想与太多人发生工作关系，既不想治人也不想治于人。

⑤ 自我成长：在工作中能够获取受培训和锻炼的机会，使自己的经验与阅历在一定的时间内得以丰富和提高。

⑥ 自我实现：工作能够提供平台和机会，使自己的专业和能力得以全面运用和施展，实现自身价值。

⑦ 人际关系：将工作单位的人际关系看得非常重要，渴望能够在一个和谐、友好甚至被关爱的环境中工作。

⑧ 身心健康：工作能够免于危险、过度劳累，免于焦虑、紧张和恐惧，使自己的身心健康不受影响。

⑨ 环境舒适：工作环境舒适宜人。

⑩ 工作稳定：工作相对稳定，不必担心经常出现裁员和辞退现象，免于经常奔波找工作。

⑪ 社会需要：能够根据组织和社会的需要响应某一号召，为集体和社会做出贡献。

⑫ 追求新意：希望工作的内容经常变换，工作和生活都丰富多彩，不单调枯燥。

4. 职业锚理论

职业锚实际就是个体选择和发展自己的职业时围绕的中心，也指当一个人不得不做出选择的时候，他无论如何都不会放弃的至关重要的东西。

职业锚也可以理解为价值体系中至关重要的东西，那就是底线。这种价值体系不是在职业早期形成的，而是个体进入工作职场后，对工作世界进一步了解，对自己个人能力和工作技能要求不断熟悉后逐渐确立下来的。

职业锚可分成8种：技术/职能型、管理型、自主/独立型、安全/稳定型、创造/创业型、

服务 / 奉献型、挑战型和生活型（Lifestyle）。

利用职业锚理论可以帮助个体选择当下工作中对他来说最看重的东西。

（四）价值观对职业选择的作用

职业价值观，是个体内在的驱动力。它在个体的职业生涯发展中往往起到极其重要的、决定性的作用，甚至可能超过了兴趣和性格对个体的影响。除了个体的职业价值观，文化价值观也会影响到个体的生活和职业发展。

（五）探索职业价值观的意义

从舒伯的生涯发展理论和马斯洛的需求层次理论来看，个体由于所处的生涯发展阶段不同、社会环境不同，他的需求会发生改变，从而可能导致其价值观的变化。因此，大学生需要对自己的价值观进行探索。一个人越清楚自己的价值观，越了解自己在工作和生活中想要寻求什么、什么对自己来说是最重要的，其生涯发展目标也就越清晰。而当现实环境与理想发生冲突时，他们也更容易做出决策，因为清楚哪些东西是可以放弃的，哪些是不可或缺的。不同的价值观会产生不同的行动选择。而价值观不清晰的人，往往会陷入混乱、难以抉择。

（六）职业价值观与生涯发展的关系

职业价值观与生涯发展存在以下关系。

1. 适配——还有选择机会的时候

① 价值观可以指导人们做出合理选择。

② 价值观的满足，是维持职业稳定性的关键。

③ 价值观既是人们追求成功的动力，也是人们克服困难时的意义。

2. 平衡——排序

① 没有一份工作可以满足人们所有的价值追求，所以在不同的生涯发展阶段，个体要对职业价值观组成因素进行排序。

② 从来就没有什么完美的选择，选择也意味着取舍。

③ 个体需要把自己的价值体系梳理清楚，问自己哪些需要可以在工作中满足，哪些需要要在业余时间中满足；不要对某一个角色期待过多。

3. 适应、舍弃——保护底线

① 价值观的满足，需要能力的支撑。

② 个体不仅要考虑个人的价值观，还要同时考虑组织对自己的要求和期待。

③ 在满足个人价值观的同时，要学会与外部环境价值观和平共处。

4. 接纳——理解自己和他人

① 很多价值观的形成，是潜意识的情结，是非理性的，也不是理性可以完全控制的；

所以，个体对待自己和他人的价值观，重要的是理解和接纳，而不是对抗与改变。

② 尊重是接纳的前提。

二、个人价值观的探索与澄清

（一）个人职业价值观是个人价值观的体现

个人价值观对个人职业价值观起决定性作用。此外，在日常生活中个体密切接触的人的价值观也会对个体的价值观产生影响，进而影响个体的职业价值观。例如，有些父母常常用他们的价值标准来影响子女进行专业、职业的选择。

（二）个人职业价值观受个人需求层次的影响

马斯洛的需求层次理论提出，人有 5 个层次的需求：生理需求、安全需求、归属需求、尊重需求和自我实现的需求。只有当低层次的需求得到基本满足后，个体才能关注并致力于满足下一层次的需求。这些需求是强大的内在驱动力，人们所做的事情正是为了满足这些需求。例如：对待工作，有些人比较重视收入，而有些人更多地考虑做自己喜欢的工作。这两者的不同在很大程度上可以归结于他们所处的需求层次不同，前者在“生理”“安全”层次上，而后者是在较低层次的需求已经得到满足的情况下追求 “归属需求”“尊重需求”“自我实现的需求”。

（三）个人职业价值观受所处社会文化和环境的影响

除了个人价值观，社会文化价值观也会影响个人职业价值观。职业辅导理论家高特弗莱德森提出了职业选择上的“限制与妥协”理论，即：人们在遇到环境限制时，在职业选择上通常最先放弃的是兴趣，其次是社会地位，最后是性别角色（即人们传统上认为适合女性或男性担任的职业）。“社会地位”“兴趣”或“性别角色”在人们心目中重要程度的不同，体现了社会群体的价值观。由于个体是生活在社会群体当中的，所以文化价值观很容易为个体采纳，从而对个体的生活产生影响。

课堂游戏

职业价值观维度分类卡

① 使用“职业规划分类卡”中的“价值观维度分类卡”作为参考（如果没有现成的分类卡，也可以自己制作，列举 50 项重要而常见的价值观维度，写在名片大小的卡片上），根据自己的感觉快速地将卡片按“总是重视”“常常重视”“有时重视”“很少重视”“从不重视”进行分类。“总是重视”栏目中不能超过 8 张卡片。

② 将每个栏目中的卡片排序，将你感觉最强烈的价值卡片放在顶端，其他依次按重要程度降序排列。

③ 思考你此前的职业决策和你的价值观，注意你的价值观是否支持你的职业选择，还是与你的职业抉择完全无关。写下你的思考。

- 我根据分类卡挑选出的重要的价值观。
- 我根据分类卡挑选出的不重要的价值观。
- 我根据分类卡挑选出的居中的价值观。

课堂游戏

职业价值观分类活动

参照职业价值观维度列表，挑选出 5 种对你来说最重要的职业价值观维度分别写在 5 张小纸条上，如表中没有列出你认为重要的职业价值观则另写。

① 职业价值观维度列表：人际关系 / 归属感，团队合作、物质保障 / 高收入、稳定、安全、创造性、多样性和变化性、新鲜感、乐趣、自由独立、被认可、受尊重、能帮助他人、能发挥自己的才能，成就感、成功、名誉、地位、有意义、有学习 / 发展 / 成长的机会、权力 / 领导或影响他人、有益于社会、挑战性、冒险性、竞争、符合自己的道德观、工作环境、工作地点、工作与生活的平衡、健康、家庭、朋友、爱情、亲密关系、信仰、幸福、为社会服务、和谐、平等……

② 给每一条对你来说很重要的职业价值下定义，并在纸上写下来，即：要达到什么样的水平你才能满意？个人对同一种职业价值的定义可能并不相同。

③ 如果你不得不放弃其中的一条职业价值，你会放弃哪一条？将写有你准备放弃的价值的纸条与其他人交换。

④ 保留刚才别人给你的纸条，放在一边。现在，如果你不得不继续放弃剩下 4 条职业价值中的一条，你会放弃哪一条？再次与另一个人交换。

⑤ 继续下去，直到只剩最后一条。这是否是你无论如何也不愿放弃的职业价值？

我的 5 种重要职业价值观维度及其定义（按重要程度排序）。

（四）职业价值观澄清

每个人都有自己独特的价值观，而且不论喜欢与否，生活中的他人（如师长、父母、同学等）的职业价值观也常常会对我们产生影响。大学生应认真考虑它们给自己的生活和职业发展带来的影响，并适时做出调整。只有对自己的价值观进行澄清和排序，才能知道如何取舍。

在职业价值观探索活动中，可能有人会发现对职业价值的取舍和排序是一个艰难的过程，甚至有人完成了探索活动，仍然不清楚自己想要的到底是什么。例如在“职业价值观分类活动”中，可能会有人发现留下来的最后一种职业价值也不见得是对自己真正重要的。出现这样的情况是正常的，因为大学生还处在建立和形成个人价值观的生涯探索期，有一些混乱是必然的。重要的是对自己的职业和生活不断地思考和探索，并在今后的生活中不断反思。

课堂游戏

澄清真实的价值观

请回想一下过去一两个月内你参加的5个相对重要的活动。例如，你是如何运用自己的时间、精力和金钱的？你希望如何运用它们，而实际上又运用在了什么方面（如有必要，你也可以从现在开始每天对此进行记录，在一个月之后回顾，以便得出更准确的结果）？你做了什么事情？对一些举棋不定的事情最终做出了什么样的选择？

当你回顾这些决定时，是否浮现出来什么模式？这样的生活形态是你想要的吗？当下你在自我探索活动和价值观测评中得出的价值观，与你在实际生活中做的选择有什么不同？如果这两者之间有差异，思考一下：你是要调整自己的选择，以求更符合自己宣称的价值观呢，还是说那些反映在你行动中的价值取向其实才是你真正相信的？

你回答这些问题的过程，就是价值观澄清。价值观澄清需要投入时间和精力，但这样做是值得的，因为这会有助于大学生从整体出发，更好地为自己的全面发展做出考量和选择。当你依照符合自己健康发展要求的真实价值观行动时，会得到很大的满足。

拉舍等学者指出，真实的“价值”需要具备以下一些基本要素。

1. 选择

a. 它是你自由选择的，没有来自任何人或任何方面的压力吗

b. 它是从众多的价值取舍中挑选出来的吗

2. 珍视

a. 你是否为你的选择感到自豪

b. 你愿意公开向其他人承认你的价值观吗

3. 行动

a. 你的行动是否与你选择的价值观一致

b. 你是否始终如一地根据你的价值观行动

对于某件事情，如果个体能对上述所有问题都给出肯定的答复，说明个体确实认为它有价值。如果个体对其中一些问题的回答是否定的，那么个体需要重新思考自己看重什么、想要得到的到底是什么。

（五）在职业价值观探索中要处理好的 3 种关系

在个人职业价值观探索的过程中，大学生要处理好职业价值观不同要素之间的关系，并根据不同时期不同情况明确自己的职业核心需求，以便合理制订自己的职业生涯规划和相关策略。

1. 处理好职业价值观中个人兴趣爱好、专业特长和职业选择的关系

个人兴趣爱好和专业特长是人们在择业时需要考虑的重要因素。大学生在确定价值观时，一定要考虑它是否与自己的兴趣爱好和专业特长相适应。据调查，如果一个人从事他自己不喜欢的工作，有 80% 的人难以在他选择的职业上成功。一个人如果选择了自己喜欢的工作则可以充分调动自己的潜能，获得职业发展的原动力。此外，选择一项自己擅长的工作，也会事半功倍。

2. 处理好职业价值观中核心价值和其他价值的关系

职业价值观的特性决定人们不会只有唯一的职业价值追求。大学生要对自己的职业价值追求进行排序，找出自己认为最重要的方面，并提醒自己不可能兼得，否则就会患得患失，终其一生也不清楚自己到底想要什么，更谈不上职业生涯的成功和对社会的贡献了。

3. 处理好职业价值观中个人与社会的关系

人不能离开社会独立存在，个体只有在工作中为社会服务才能实现自己的职业价值。大学生在选择职业时应考虑国家和社会的需要，他们和个人的需求是可以相互促进的。将人尽其才放在整个社会发展的大背景中去考虑，将个人的奋斗与推动社会的发展结合起来才是大学生理性的选择。

CHAPTER 03

第三章　职业世界探索

第一节　了解职业世界的意义

一、建立危机意识

在求职的时候拥有危机意识对大学生来说很重要。加深对职业世界的了解与认识，能够帮助大学生尽早获得有效的职业信息，了解竞争的激烈与现实的残酷，从而建立危机意识。

在求职时建立危机意识，才能让大学生产生强大的意志力与积极性，驱使自己开展行动，从而更加珍惜每次求职机会，更加认真地对待工作机遇。

二、提升就业能力，降低就业成本

一些大学生寄希望于学校、职业辅导老师或其他专业的职业辅导工作人员告诉他们职业世界是什么样的，但每个人由于个人知识、经验的局限不可能完全掌握所有职业世界的信息，所以工作世界的探索更多需要大学生自己来完成。在这个探索的过程中，大学生可以培养和提升自己的很多能力，如自我管理能力中的为自己负责任，可迁移技能中的沟通、搜集、观察等能力。

在了解职业与职业世界后，大学生应对未来的职业追求有明确的目标，这会使他们在职业生涯的起点就做出正确的职业决策，少走许多弯路，降低他们的就业成本。

三、规划大学生活，缩短与职业世界的距离

探索职业世界能帮助大学生重新定位自己的价值，并使他们持续增值，能够引导大学生评估个人目标与现实之间的差距，学会运用科学的方法采取可行的步骤和措施，不断增

强自己的职业竞争力，最终实现职业目标。

大学生的大学生活形态，取决于他们是否有适合自己的职业生涯规划。要想未来拥有成功的职业生涯，实现自己的人生价值，大学生需要按规划、有步骤、有计划地实施职业生涯规划，为自己的人生发展储备能量、创造机会。

第二节 职业世界信息探索

一、宏观工作信息探索

（一）职业和职业分类

1. 职业的含义

职业是社会分工的产物，指人们利用专门的知识技能，为社会创造物质财富和精神财富，获取合理报酬作为物质生活来源，并满足精神需求的工作。

2. 我国的职业分类

1999 年，《中华人民共和国职业分类大典》（简称《大典》）正式颁布。2015 年 7 月，国家职业分类大典修订工作委员会审议并颁布了 2015 版《大典》。2015 版《大典》参照《国际标准职业分类》，从我国实际出发，在充分考虑经济发展、进步和结构变化的基础上确定我国职业分类结构为 8 个大类、75 个中类、434 个小类、1481 个职业。

8 个大类分别如下。

第一大类：党的机关、国家机关、群众团体和社会组织、企事业单位负责人。

第二大类：专业技术人员。

第三大类：办事人员和有关人员。

第四大类：社会生产服务和生活服务人员。

第五大类：农、林、牧、渔业生产及辅助人员。

第六大类：生产制造及有关人员。

第七大类：军人（人口普查不涉及）。

第八大类：不便分类的其他从业人员。

人们的生产活动与人类赖以生存的自然环境息息相关，为了推动绿色职业的发展、促进绿色就业，2015 版《大典》借鉴了发达国家的经验并结合我国实际，对具有“环保、低碳、循环”特征的职业活动进行研究分析，将部分社会认知度较高、具有显著绿色特征的职业标示为绿色职业，这是我国职业分类的首次尝试。绿色职业活动主要包括：监测、保护与治理、美化生态环境，生产太阳能、风能、生物质能等新能源，提供大运量、高效率交通运力，回收与利用废弃物等领域的生产活动，以及与其相关的以科学研究、技术研发、设计规划等方式提供服务的社会活动。2015 版《大典》共标示 127 个绿色职业，并统一以“绿色职业”的汉语拼音首字母“L”标识，如环境监测员、太阳能利用工、轮胎翻修工等职业。

二、大学生就业政策

2017 年 12 月，教育部出台《教育部关于做好 2018 届全国普通高等学校毕业生就业创业工作的通知》，对毕业生就业工作提出了重要意见。

文件主要精神如下。

拓展阅读

（一）鼓励毕业生服务国家发展战略

① 引导毕业生到重点领域就业。各地各高校要围绕国家经济社会发展需要，主动对接国家发展战略需求，向重点地区、重大工程、重大项目、重要领域输送毕业生。结合“一带一路”建设、京津冀协同发展、长江经济带发展，大力开拓就业岗位。落实区域协调发展战略，引导毕业生到中西部地区、东北地区和艰苦边远地区就业。

② 促进毕业生到新兴领域就业创业。各地各高校要结合建设科技强国、质量强国、航天强国、网络强国、交通强国、数字中国、智慧社会要求，引导毕业生到高技术产业、战略性新兴产业、先进制造业和现代服务业等领域就业创业。深入挖掘互联网、大数据、人工智能和实体经济深度融合创造的就业机会，在共享经济、现代供应链、人力资本服务等领域拓展就业新空间。

③ 鼓励毕业生到国际组织实习任职。各地各高校要加强政策支持力度，在经费资助、教学管理、就业服务等方面出台具体举措。高校要结合人才培养特色和学科优势，加快培养具有参与全球治理能力的高素质人才。加强与国际组织联系，拓宽合作交流渠道。及时收集发布国际组织招聘信息，把与国际组织相关的内容纳入就业指导教材和课程，通过开展讲座报告、项目推介、组建社团等多种方式，为毕业生到国际组织实习任职提供咨询、指导、培训等服务。

（二）引导毕业生到基层就业

① 拓宽毕业生基层就业渠道。各地各高校要深入贯彻中央《关于进一步引导和鼓励高校毕业生到基层工作的意见》，落实好基层就业学费补偿代偿等政策，实施高校毕业生基层成长计划。服务乡村振兴战略，引导毕业生到现代种业、农产品加工、农村电子商务等一二三产业就业创业。继续组织实施好“教师特岗计划”“大学生村官”“三支一扶”“西部计划”等中央基层就业项目。鼓励毕业生到城乡基层从事教育文化、健康养老、扶贫开发等工作，到社会组织就业。

② 继续做好大学生征兵工作。各地各高校要深入学习贯彻习近平总书记给南开大学新入伍大学生的回信精神，加强与兵役机关协调配合，落实学费资助、复学升学、就业创业等优惠政策，共同组织咨询周、宣传月等活动。加强高校大学生征兵机构建设，面向毕业生、在校生及新生等群体开展宣传动员，在高校放暑假前对体检、政考合格的学生发放“大学生预定兵通知书”。

③ 鼓励毕业生到中小微企业就业。各地各高校要充分发挥中小微企业吸纳毕业生就业的主渠道作用，广泛收集发布岗位信息，办好全国中小企业网上百日招聘等活动。省级教育部门要积极配合人力资源社会保障、税务、中小企业主管部门等，落实小微企业吸纳毕业生的社保

补贴、培训补贴、降税减负等优惠政策。高校要关心毕业生在中小微企业的成长发展，支持毕业生在小微企业进行产品研发和技术创新。

（三）促进以创业带动就业

① 深化高校创新创业教育改革。各地各高校要把创新创业教育改革作为高等教育综合合改革的重要突破口，在培养方案、课程体系、教学方法和管理制度等方面将改革持续向纵深推进，促进专业教育与创新创业教育有机融合，将创新创业教育贯穿人才培养全过程。强化创新创业实践，办好各级各类创新创业竞赛，着力培养学生的创新精神和创造能力。

② 落实创新创业优惠政策。省级教育部门要配合有关部门进一步完善落实工商登记、税费减免、创业贷款等优惠政策，为毕业生创新创业开辟“绿色通道”。高校要细化完善教学和学籍管理制度，进一步落实创新创业学分积累与转换、弹性学制管理、保留学籍休学创业、支持创新创业学生复学后转入相关专业学习等政策。

③ 提升创新创业服务保障能力。各地各高校要加快发展众创空间，依托创业园、创业孵化基地等为毕业生创新创业提供场地支持。多渠道筹措资金，综合运用政府支持、学校自筹以及信贷、创投、社会公益、无偿许可专利等方式扶持大学生自主创业。建立健全国家、省级、高校大学生创业服务平台，聘请行业专家、创业校友等担任导师，通过举办讲座、论坛、沙龙等活动，为大学生创业提供信息咨询、管理运营、项目对接、知识产权保护等方面的指导服务。

（四）提供全方位就业指导服务

① 优化就业精准服务。各地各高校要广泛应用“互联网+就业”新模式，通过新职业网、智慧就业等平台，根据毕业生和用人单位需求，开展精准对接服务。推动搭建跨区域、跨行业、跨类别的招聘信息服务平台，鼓励举办分层次、分类别、分行业的中小型校园招聘活动，更多采用网上初选、线下面试的便捷校园招聘模式。做好在内地（祖国大陆）高校就读的港澳台毕业生就业服务工作。

② 加大就业困难群体帮扶力度。各地各高校要重点帮扶建档立卡贫困家庭、少数民族、身体残疾等毕业生就业困难群体，配合有关部门落实好求职创业补贴等政策。要通过开展个性化辅导、组织专场招聘、优先推荐岗位、发放求职补助等方式，确保困难群体就业一个不能少、一个不能掉队。要与人力资源社会保障部门做好离校未就业毕业生的信息衔接和服务接续工作。

③ 规范就业工作管理。各地各高校要严格落实就业签约“四不准”要求，不准以任何方式强迫毕业生签订就业协议，不准将毕业证书、学位证书发放与签约挂钩，不准以户档托管为由劝说毕业生签订虚假协议，不准将顶岗实习、见习证明材料作为就业证明材料。建立健全毕业生参与的就业状况统计核查机制。严禁发布带有歧视性内容的招聘信息，严密防范“培训贷”、求职陷阱、传销等不法行为，切实维护毕业生权益，确保校园招聘活动公平、安全、有序。有条件的地区要积极推动建立入职定点体检和结果互认机制，尽力避免手续过于烦琐、重复体检。

④ 提高就业指导能力。各地各高校要加强就业指导教师的培养培训，在专业技术职务评聘中充分考虑就业指导教师的工作性质和工作业绩，推进就业指导教师队伍职业化、专业化、专家化。把学生职业发展与就业指导课程贯穿于整个人才培养体系，将课程与学科专业相融合，探索慕课等新型课程形式。要为大学生职业发展提供个性化咨询指导。

⑤ 充分发挥高校毕业生就业状况反馈作用。各地各高校要认真落实就业情况统计和监测责任制，确保就业数据真实准确。不断完善就业质量评价指标体系，按时向社会发布高校毕业

生就业质量年度报告。鼓励开展毕业生就业创业与职业发展状况跟踪调查，推动形成就业与招生计划、人才培养、经费拨款、院校设置、专业调整的联动机制。

（五）经济、产业发展趋势

扫一扫

展望2025:决定未来经济的12大颠覆技术

三、劳动力供给状况

1. 高层次人才稀缺

大学生就业难的问题是我国高等教育从精英教育转向大众化教育的必然结果。有部分观点认为，其原因是“大学生过剩”。实际上，目前我国大学生的毛入学率仅为 48% 左右，而美国为 89%，日本、英国、法国等发达国家均为 50% 以上。在我国 8.9 亿劳动力人口中，高层次人才仍然极为稀缺。

2. 经济发展进入新常态

《人力资源和社会保障事业发展“十三五”规划纲要》指出：

“十三五”时期，经济发展进入新常态，新型工业化、信息化、城镇化、农业现代化深入发展，人口老龄化加快，供给侧结构性改革不断推进，都对人力资源和社会保障事业发展带来了一系列新机遇、新挑战，人力资源和社会保障工作仍面临较大压力。就业总量压力依然存在，结构性矛盾更加突出，化解过剩产能过程中职工分流安置任务更加繁重；社会保障体系在增强公平性、适应流动性、保证可持续性方面有待加强，征缴扩面空间缩小，基金平衡安全矛盾突出；人才队伍建设与实施创新驱动发展战略和人才优先发展战略的要求还有一定差距，制约和影响人才发展的思想观念和体制机制障碍仍然存在；适应国家治理体系和治理能力现代化要求，人事制度改革尚需进一步深化；工资收入分配差距依然较大，工资收入分配制度改革有待继续推进；影响劳动关系稳定的因素增多，构建和谐劳动关系的任务艰巨繁重；基层基础建设和公共服务能力水平仍需提高。

四、具体工作信息探索

大学生在探索职业世界涉及某个具体工作时，需要了解更细致的信息，通常包括以下 8 个方面。

① 公司文化。

② 工作内容和职责。

③ 工作要求具备的知识、技能和素质。

④ 工作要求具备的资历和资格。

⑤ 工作时间、地点和环境。

⑥ 工作的可发展空间。

⑦ 薪酬待遇和福利。

⑧ 应聘的渠道和公司的招聘文化。

第三节 探索职业世界的方法与途径

一、形成自己的职业清单

职业世界的信息浩如烟海，应该从哪儿开始探索呢？学习自我探索的相关知识可以帮助大学生达成初步的探索范围，再结合自己所学的专业，大学生就可以获得一个职业清单。值得说明的是，大学生自我探索的结果未必能与个人的专业一致。大学生应该把个人的专业放在产业链的大背景下看，不局限于霍兰德兴趣探索和MBTI性格分析的少量职业种类。形成职业清单后的下一步，大学生要对自己的清单逐一探索。在探索过程中，大学生要抛开固有的想法，保持开放的心态，这样可以获得更客观的信息。

二、探索工作世界的方法

（一）从近至远的探索方法

所谓近和远，指信息与探索者的距离。通常近的信息比较丰富，远的信息更为深入。近的信息较易获得，远的信息则需要探索者更多地投入和与环境的互动才能了解。所以，从近至远的探索是一个范围逐渐缩小、了解逐渐加深的过程。

（二）生涯人物访谈

大学生可对从事自己感兴趣的职业的相关人士进行采访，受访者应该在这个岗位上至少工作了3～5年。访谈的目的是收集供大学生进行职业生涯决策的信息。为了节约时间并达成实效，大学生在访谈前要有所准备：第一，准备一个“30秒”的自我介绍，表明自己的职业兴趣和访谈目的；第二，准备一个访谈提纲，避免漫无目的的闲聊。提纲内容可以如下。

① 在这个工作岗位上，您每天都做些什么？

② 您是如何找到这份工作的？

③ 您是如何看待该工作将来的变化趋势的?

④ 您的工作是如何为实现组织的总体目标或使命贡献力量的?

⑤ 您所在的工作有“职业生涯道路”吗?

⑥ 您从事的工作需要什么样的人?

⑦ 您一天的工作时间是如何分配和安排的?

⑧ 就您的工作而言，您最喜欢什么？最不喜欢什么?

⑨ 什么样的初级工作最有益于我学到尽可能多的知识?

⑩ 该工作初级职位和略高级别职位的薪水各是多少?

⑪ 您在工作中采取行动和解决问题的自由度如何?

⑫ 该工作有哪些发展机会?

⑬ 该工作的哪部分让您最满意，哪部分最有挑战性?

⑭ 什么样的个人品质或能力对该工作的成功至关重要?

⑮ 您认为将来该工作发展的不利因素是什么?

⑯ 您在该工作中遇到过什么样的问题?

⑰ 对于一个即将从事该工作的人，您愿意提出什么特别建议?

⑱ 该工作需要特别的知识、技能和经验吗?

⑲ 该工作需要什么样的教育或培训背景?

⑳ 公司对新员工提供哪些培训?

㉑ 还有哪些方法能帮助我深入了解该工作?

㉒ 您的熟人中有谁能做我下次的采访对象吗?

㉓ 根据您对我的教育背景、技能和工作经验的了解，您认为我在做出最终决定之前还应该在哪个领域、什么样的工作上进行深入的调查研究?

值得提醒的是，大学生需要在日常生活中多听、多看、多想、多学、多积累，谈话中的良性互动和有效反馈有助于访谈的深入。访谈结束后要细细消化访谈内容，并以短信或邮件方式感谢受访者，给受访者留下联系方式。可能一些大学生会感到困惑，如何找到访谈对象呢？美国社会心理学家米尔格伦提出过一个“六度分离”理论。简单地说，该理论认为在人际交往的脉络中，任意两个陌生人都可以通过“亲友的亲友”建立联系，这中间最多只要通过 5 个朋友就能达到目的。因此，大学生要积极拓展自己的人际圈。

CHAPTER 04

第四章　职业生涯规划的决策与实施

第一节　职业生涯决策及其影响因素

存在主义大师萨特说过，“我们的决定，决定了我们。”大学生面临就业、升学、创业多种选择，一旦做出决定，就会走向不同的人生道路，随之而来的还有不同的生活状态。职业生涯决策对每个人而言都非常重要。

一、职业生涯决策的定义

职业生涯决策的概念最早源于英国经济学家凯恩斯。他认为每个人在进行职业生涯决策时都是以最小的损失和最大的收益为标准的，这里的损失和收益不仅仅指金钱，还包括社会声望、人身安全、社会流动等。杰普森等人首次提出了“职业生涯决策”概念。杰普森认为职业生涯决策是一个复杂的认知过程，职业生涯决策信息具有复杂性、多面性。在这个过程中，决策者综合考虑各种影响职业选择的因素和信息，并综合所有可能的职业选项，在此基础上分析每种职业选项的发展前途，最终做出决策、公开承诺职业行为。受认知心理学信息加工观点的影响，2002 年皮特森和桑普森指出，做出承诺是对如何实现所选职业目标的计划、方案的承诺。盖特认为，职业生涯决策是决策者首先综合分析众多职业信息，从中筛选出所有可能实现的职业目标，然后结合实际情况，经过对比分析最终确定其一的过程。综合所有观点，职业生涯决策不仅是一个即时的职业选择行为，而是一个决策过程。

二、影响职业生涯决策的因素

（一）个体因素

个体因素是研究者最关注的变量，具体如下。

1. 遗传和特殊能力

个体遗传的一些特质，如种族、性别、外表特征、智力等先天因素在很大程度上影响着个人的职业表现和职业生涯选择。

2. 个人能力

职业生涯决策是复杂的心理历程与活动。个体须具备相关的能力才能做出适当的决策。泰勒和贝斯首次将班杜拉的自我效能感理论运用到职业生涯决策困难的解释和治疗，提出职业决策自我效能感理论。职业辅导理论家朗伯兹提出，任务取向技能是影响个人职业决策的重要因素。任务取向技能是个体在面临一项任务时表现出的特定的工作习惯、解决问题的能力、心理状态、情绪反应和认知。

3. 人格因素

克里特斯认为职业选择是个人人格的表达，职业生涯决策本质上是人格问题。很多研究者探讨了人格和职业生涯决策的关系。研究者把自尊、自我认同、特质焦虑建构为职业生涯决策困难的测量维度。萨卡提出了“生涯决策困难与情绪人格有关”。近年来，盖特等人的研究支持了这一观点，在职业咨询者看来，情绪、人格因素引起的问题比由信息引起的问题更严重，职业生涯决策过程中个人的情绪、人格、态度、自我概念与自我知识、身份发展、内在冲突等因素都是影响个体决策的重要元素。

4. 个体学习经验

这里的学习是广义学习，个体在成长过程中不断积累的经验和认识，如分享、合作、负责等经验对于其职业生涯决策具有重要影响。一个人是自信还是自卑、是敢于挑战还是回避困难，对各种职业是否有职业刻板印象都与个体独特的学习经验有关。学习经验丰富的个体能客观看待职业生涯决策，关注自身的非理性情感，做出适宜的选择；反之，缺乏学习经验的个体往往在一两次亲身经历的基础上就得出刻板非理性的偏见，在进行职业生涯决策时，这种非理想的观念就会先入为主，导致个体做出非理性的决策。

（二）外部环境

外部环境对个体的职业生涯决策也有影响。广义来讲，外部环境包括人类活动（如社会、文化、政治）、经济活动和自然力量（如自然资源的分布或自然灾害）等。狭义来讲，外部环境主要是家庭环境，如家庭的社会经济地位、家庭对个人的期望、个体所处地区的教育水平、父母的支持等都会影响个体的职业生涯决策。积极、健康的家庭支持可以为个体提供良好的发展环境，从而帮助个体建立较强的自我效能感，提高他们的职业生涯决策能力。

三、案例导入

14 世纪法国哲学家布利丹曾经讲过一个哲学故事：一头毛驴站在两堆数量、质量和距离完全相等的干草之间，它虽然享有充分的选择自由，但由于两堆干草在客观上无法分辨其优劣，毛驴也就无法决定究竟选择哪一堆好。于是它始终站在原地不能举步，结果只好活活饿死。

布利丹毛驴的困惑和悲剧也经常折磨着人类，特别是一些缺乏社会阅历的初涉世者。有些人在眼花缭乱的各种干扰面前不知所措、左右为难，在选择中失去了机会。世界上没有绝对美好的事物，也没有绝对理想的选择。大学生面对选择时一定要抓住时机。

第二节 理性决策的方法

在进行职业生涯决策时，所有的选择都没有绝对的对与错。任何一个正确的决策都是基于对各种因素的综合平衡，它是一个平衡的产物。以下介绍 3 种常见的职业生涯决策方法，它们分别应用于不同的生涯决策情境。

一、CASVE 循环

CASVE 循环包括 5 个阶段：沟通（Communication）、分析（Analysis）、综合（Synthesis）、评估（Valuing）和执行（Execution）。CASVE 就是这 5 个英文单词首字母的集合。它可以在整个职业生涯问题解决和决策制定过程中为每个人提供指导。这一循环如图 4-1 所示。

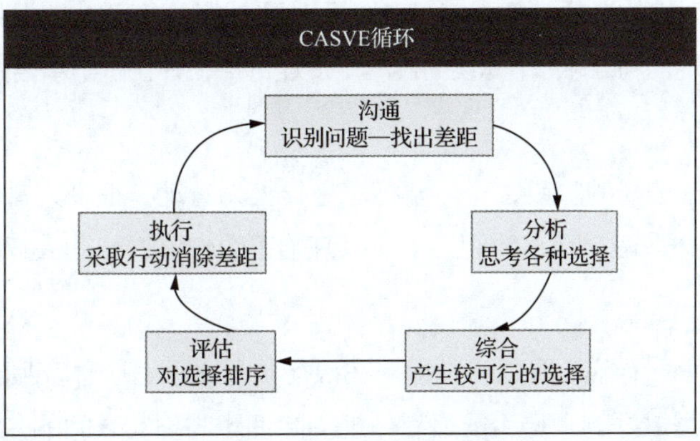

图 4-1 CASVE 循环阶段示意图

（一）沟通

在沟通阶段，个体会收到关于职业理想与现实之间存在差距的信息。这些信息可能通过内部或外部交流途径传达给个体。内容沟通包括情绪信号，如不满、厌烦、焦虑和失望，还有身体信号，如昏昏欲睡、头痛、胃部疾病等。外部沟通包括父母对子女职业规划的询问，同事、朋友对自己的职业评价，或者是媒体上关于各专业的分析。

在沟通阶段，个体通过各种感官和思考充分接触问题，意识到自己需要做出选择。

（二）分析

在分析阶段，个体需要花时间去思考、观察、研究，从而更充分地了解理想与现实的差距，了解自己能有效做出反应的能力。好的生涯决策者会避免用冲动行事来减小在沟通阶段体验的压力或痛苦，因为他们知道，这是无效的，甚至可能令问题恶化。

分析阶段是个体了解自我和自己的各种选择的阶段。简单来说，在分析阶段，个体应尽可能了解造成在沟通阶段发现的差距的原因，把各种因素和相关知识联系起来，例如：把自我知识和职业选择联系起来，把家庭和个人生活的需要融入职业选择中。

（三）综合

在综合阶段，个体主要是要综合和加工在分析阶段获取的信息，从而制订消除差距的行动方案。其核心任务是确定自己可以做什么来解决问题。这是一个扩大再缩小选择清单的过程。首先，尽可能多地找到消除差距的方法，发散地思考每一种办法；然后，缩小有效方法的数量，通常缩减到 3 ~ 5 个选项，因为人类头脑中最有效的记忆和工作容量就是这个数目。

（四）评估

评估阶段用于选择一个职业、工作或大学专业。第一步是评估每一种选择对个体和他人的影响。例如，如果选择了服兵役，将会给自己、父母等带来什么影响？每一种选择都要从对自己和对他人的益处和要付出的代价两方面进行评价，并综合物质上和精神上的因素。第二步是对综合阶段得出的选项进行排序。能够最大限度消除差距的选项排在第一位，次好的排在第二位，依次类推。此时，个体会得出一个最佳选择，并且做出承诺去实施这一选择。

（五）执行

执行阶段是实施选择的阶段，个体要把思考转换为行动。很多人都觉得在执行阶段制订行动计划令人十分兴奋，因为他们终于可以开始采取积极的行动去解决问题了。

（六）再循环

CASVE 循环是一个不断重复的过程。在执行阶段之后，个体又回到沟通阶段，以确定所做的选择是不是最好的，是否能最有效地消除理想与现实之间的差距。依次类推，个体也会再次进入后续各阶段，不断循环。

二、决策平衡轮

一个目标的实现需要相关方面的支持，就像一个轮子要想转动，需要里面的辐条支撑一样，平衡轮就像一架照相机，可以拍摄到当下这个时刻与目标相关方面的真实情况，平衡轮可以让个体清晰地了解目前这些相关方面的状态。要实现目标，就需要各方面平衡发展。

大学生学习绘制决策平衡轮可以避免单向考虑问题，避免盲目性抉择，同时还可以提前评估结果。平衡轮一般用 4 条线切割，分为 8 块：通常轮子边缘表示 10，中心点表示 1，1 是最弱的方面，10 是最期待、最满意的方面（见图 4-2）。

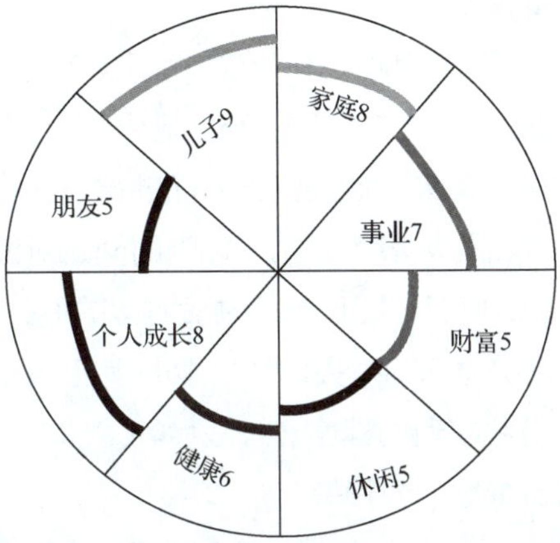

图 4-2 决策平衡轮

绘制决策平衡轮的具体步骤如下。

① 拿起桌面的水彩笔和 A4 纸，画好一个大圆，将圆八等分并填好要素。

② 从确立职业目标的角度出发，将这些要素按重要程度打分（1 ~ 10 分）。

③ 标注好刻度，用水彩笔填涂饱满。可以选用多种颜色。

要运用决策平衡轮进行决策，以下问题是个体需要关注的。

① 在决策平衡轮的绘制中，你观察到了什么？

② 哪个要素对你来说是最重要的？

③ 这个要素目前你打了几分？你想要达到几分？

④ 如果你实现了那个分数，决策平衡轮将变成怎样的画面？

⑤ 你打算怎样去做？行动计划的第一步是什么？

⑥ 大家如何知道你已经开始行动？

例如，在决策平衡轮中你最注重的前三位分别是收入、兴趣和社会地位，那么，结合你的专业可以将自己的目标定位为“生物 + 医疗器械销售”或“生物 + 公务员职业”或“生物 + 教育领域”。接下来，你应该实施行动，最终实现自己的职业目标。

决策平衡轮是动态的，所以它是过程，而不是目的。因此，大家要从长远的角度来评估它，可以在不同的时期分别制作决策平衡轮，将结果进行比对，看看自己有哪些成长和变化。决策平衡轮不仅可用于职业生涯目标的确立，还可用于生活管理、工作绩效管理、时间管理、学业管理等。

三、决策平衡单

当个体面临多种选择时，每种选择都会对个体产生不同的影响，决策平衡单帮助个体把这些选择可能产生的影响放到统一的框架中进行分析，引导个体认真思考每种选择对自身和他人在精神和物质方面造成的得失，并按照重要性给每个因素赋予权重，之后给出每个选项的分数。

制作决策平衡单的具体步骤如下。

① 列出你潜在的 3 ~ 5 个职业选项，排列在决策平衡单的顶部。

② 判断各职业选项的得失，集中在 4 个方面进行评估：自我物质方面的得失、他人物质方面的得失、个人精神方面的得失、他人精神方面的得失。自我物质方面的得失包括收入、升迁机会、工作稳定性、工作环境的安全、休闲时间、对健康的影响、就业机会、足够的社会资源等。他人（父母、师长、配偶等）物质方面的得失包括家庭经济、家庭地位、与家人相处的时间等。个人精神方面的得失包括兴趣的满足、能力的满足、价值观的满足，生活方式的改变、成就感、自我实现的程度、挑战性等。他人（父母、师长、配偶等）精神方面的得失包括成就感、自豪感、依赖等。

③ 为各考虑因素赋予权重。对个人而言，每个因素的价值是不同的，个体可以主观地给每个因素赋予权重（如 1 ~ 5）。一个因素越重要，其权重越高，5 为最高权重，表示“非常重要”，3 代表“一般”，1 代表“最不重要”。

④ 给各职业选项打分（–5 ~ 5 分）。“+”“–”号分别代表加分与减分。其中 5 分代表“完全满足”，0 分代表“不知道或无法确定”，–5 分代表“完全不满足”。

⑤ 逐一计算各职业选项的得分，与权重相乘，计算各职业选项的正负得分。

⑥ 将各职业选项所得正负得分相加，即为总分。按总分高低排列各职业选项的优先顺序，即可作为个体职业生涯决策的依据。

课堂案例

小慧是一名即将毕业的师范类专科生，自入学之初，她就非常勤勉努力，希望通过优秀的成绩获得奖学金来减轻家庭经济负担。功夫不负有心人，几年来她的成绩一直都名列前茅，不仅如此，文字功底扎实的她在读书期间还陆续发表了几篇高质量的优秀作品，深受几家杂志社的青睐。其中一家杂志社甚至表示愿意招录她，虽然起薪不高，但是小慧欣喜不已。这正是她梦寐以求的职业。

毕业前夕，老师找小慧谈心，希望她能够继续深造，说凭借她现在的基础，获得更高的学历肯定没有问题，有了高学历就会有更多求职机会。

小慧明白老师的意思，但是继续深造需要支付一笔不低的学费，家里压力比较大。

正当小慧难以抉择的时候，有一家销售公司向小慧抛出了橄榄枝，原来这家公司有个项目急缺一名文字功底扎实的策划，公司经理看到了小慧的作品非常欣赏，愿意出双倍工资聘请她。

小慧陷入深深迷茫之中：一个是自己的兴趣所在，一个是有发展潜力的升学之路，一个是解决家庭燃眉之急的现实之需，自己该何去何从呢？

分析

最终小慧利用决策平衡单帮她做出了决定（见图 4-3）。她决定接受销售公司的聘请。

选择项目		重要性权数（1～5）	杂志社		升学		销售公司	
考虑因素			+	−	+	−	+	−
个人物质方面的得失	1. 个人收入	4	2			3	5	
	2. 未来发展	3	2		5		1	
	3. 休闲时间	1		2	5			3
	4. 对健康的影响	2	0		1			2
他人物质方面的得失	1. 家庭收入	5	2			5	5	
	2. 家庭地位	3	2			1	3	
个人精神方面的得失	1. 创造性	3	3		2		2	
	2. 变化性和多样性	3	2		5		2	
	3. 影响和帮助他人	2	2			1	1	
	4. 自由独立	2	3		5		2	
	5. 被认可	4	2		5		2	
	6. 挑战性	3	3		4		3	
	7. 应用所长	3	5		5		2	
	8. 兴趣的满足	4	5		4		1	
他人精神方面的得失	1. 父亲	4	2			5	4	
	2. 母亲	4	2			5	4	
	3. 弟弟	4	3		0		3	
	4. 老师	4	2		5		2	
总分			141		54		147	

图 4-3　小慧的决策平衡单

第三节 制订职业生涯目标

罗曼·罗兰说："人生最可怕的敌人，就是没有明确的目标。" 对于大学生来说，未来是广阔的、不可知的，但是主动、有意识、科学地制订职业生涯目标，可以帮助大学生搭建一条通往理想的道路。

一、确定职业生涯目标的意义

大学生无论是在工作、学习、生活上，都要有明确的目标。一个人有什么样的目标就有什么样的人生。如果一个人对心目中喜欢的世界没有一幅清晰的画面，他就没有改善自己生活的目标，无法用目标鞭策自己，只能继续生活在自己无意改变的世界里。

课堂案例

美国生物学家克林莱斯有幸拍到了一组精彩镜头。有一种麻雀大小的鸟儿扑扇着翅膀准备停在沙地上觅食时，潜伏在沙子里的蛇猛地张开大口蹿了出来。鸟儿用自己的爪子一下又一下地拍击蛇的头部，但力量有限，蛇依然对鸟儿攻击不止，鸟儿一边躲闪蛇的血盆大口，一边用爪子继续拍击蛇的头部，其准确程度分毫不差。在鸟儿拍击了一千多下时，蛇终于无力地瘫软在沙地上，再也爬不起来了。这种鸟儿和蛇的力量对比是悬殊的，它甚至还没有一只麻雀飞得高，生物学家唯一能解释的就是，这种鸟儿在经过长期的经验积累后，掌握了一套对付蛇的办法，那就是瞄准蛇头部的一个点并持之以恒地用爪子击打。

分析

在现实生活中，很多人之所以失败，就是因为没有瞄准一个"点"，持之以恒地走下去。而成功者则瞄准了这个"点"，并坚持走到了最后。这个"点"就是每个人为自己制订的目标。只要能瞄准一个"点"，哪怕力量微小，但只要坚持，也一定能够到达胜利的彼岸。

二、职业生涯目标的含义

德国诗人、戏剧家歌德曾经说过："人生最重要的事情就是确定一个伟大的目标，并决心实现它。"成功的职业生涯，都是从个体制订合适的目标开始的。人们通常会有职业发展、生活、学习、休闲娱乐等层面的目标，职业生涯目标仅仅是个人目标中的一个，也是其中比较重要的一个。

职业生涯目标是个人在选定的职业领域内，期望未来达到的成果。从这个定义中可以看出，首先，职业生涯目标是针对个人的。每个人的兴趣、性格、价值观等个体特质不同，所处环境不同，职业生涯目标也会千差万别，带有明显的个性色彩。其次，职业生涯目标要在个体选定的职业领域内，方向、领域确定在先，目标设计在后。例如，小王期望毕业5年后在人力资源领域做到人力资源经理这一职位，这就是一个职业生涯目标。

三、职业生涯目标的分类

目标不是单一独立的，而是一整套相互联系的系统，这个系统就是有层次的相互联系的目标族。职业生涯目标可以从时间和性质等不同角度加以分类。

（一）职业生涯目标按时间分类

职业生涯目标按时间可分为短期目标、中期目标、长期目标和人生目标。一般来说，短期目标服从于中期目标，中期目标服从于长期目标，长期目标服从于人生目标。因此大学生制订职业生涯目标应从人生目标开始，然后分别制订长期目标、中期目标、短期目标等，如表4-1所示。

表4-1 职业生涯目标按时间分类

目标分类	含义	主要特征
人生目标	整个人生的发展目标，明确自己想干什么、想成为什么样的人、想取得什么成就、想成为哪一行业的佼佼者	①人生目标应该是其他各阶段目标的根本，其他目标都以这一人生目标为基础；②目标的设定不一定很具体，但一定要清晰；③要清楚地知道这一目标对自己的职业生涯发展具有什么意义，并用简短的话表述清楚；④支撑这一目标的具体事件要具体、清晰；⑤要能具体描述目标实现后的景象，给自己一个可以时时向往的真实图景
长期目标	时间为5年以上的目标，通常比较粗略、不具体，可能随形势的变化而变化，在设定时以画轮廓为主	①目标有挑战性；②目标非常符合自己的价值观；③目标与社会发展需求相结合；④不对目标规定具体的实现时间，在一定范围内实现即可；⑤希望通过目标改变现状，有所突破
中期目标	一般为3～5年，相对长期目标更具体一些，如参加一些旨在提高技能的培训和实践活动，并获得证书和奖励等	①通常与长期目标保持一致；②是结合自己的志愿和环境要求来制订的目标；③以明确的语言来定量说明；④对目标实现的可能性做出评估；⑤有比较明确的时间规定，且可做适当的调整；⑥基本符合自己的价值观，愿意公布于众
短期目标	通常指1～2年内的目标，与中期目标和长期目标相比具有具体、现实和可操作的特点，是最清楚的目标	①目标切实可行，具有可操作性；②有具体的完成时间；③服从于中期目标；④目标可能是个体主动设定的，也可能是受环境影响被动接受的；⑤需要契合现实环境

（二）职业生涯目标按性质分类

职业生涯目标按性质分为外职业生涯目标和内职业生涯目标。外职业生涯目标包括职务目标、工作内容目标、经济目标、工作地点目标和工作环境目标等，内职业生涯目标包括工作能力目标、心理素质目标、观念目标、工作成果目标等，如表 4-2 所示。

表 4-2 职业生涯目标按性质分类

目标分类	含义	主要特征
外职业生涯目标	侧重于职业过程外在的、可见的标识	外职业生涯目标通常需要具体化，职务目标如总经理、项目经理或营销经理，经济目标如每年年薪为 10 万元等
内职业生涯目标	侧重于在职业生涯过程中的知识、经验的积累，观念的转变，能力的提高和内心感受，这些因素不是别人赐予的，而是自己通过努力获得和掌握的	①工作能力目标，如具备能够无障碍沟通的能力、组织活动的能力、组织结构设计的能力等；②心理素质目标，如能经受住挫折，能够做到临危不惧、宠辱不惊，心理素质可以通过情绪智力的培训加以提高；③观念目标，观念主要指对人、对事的态度和价值观，观念目标指自己在工作学习中逐步形成的一种观念或态度；④工作成果目标，指发现和应用新的管理方法、创造新的业绩等，工作成果本身属于外职业生涯目标，但在取得工作成果的过程中取得的知识、经验等都属于内职业生涯目标，强调个体取得工作成果后内心的收获和成就感

外职业生涯目标和内职业生涯目标关系密切，内职业生涯目标的发展带动外职业生涯目标的发展，外职业生涯目标的实现可以促进内职业生涯目标的实现。例如，某大学生的目标：在 5 年内成为某公司人力资源部经理助理，属于外职业生涯目标中的职务目标；30 岁之前要年薪达到 10 万元，属于外职业生涯目标中的经济目标；能较好地发挥自身的优势，在正式场合实现无障碍沟通，能有效管理团队，属于内职业生涯目标中的工作能力目标。

课堂案例

某公司营销部经理制订的职业生涯目标

职务目标：毕业后的第 3 年，成为公司营销总监；毕业后的第 5 年，成为行业争相追捧的职业经理人或金牌营销总监。

能力目标：能顺畅、清晰地进行即兴演讲，能冷静、利落地处置突发事件，能游刃有余地协调各方面的关系。

成果目标：能获得营销界的“金鼎奖”，能在国内营销类刊物上发表自己关于营销的心得和见解。

经济目标：工作的前 3 年年薪以 30 %的年增长率递增，到毕业后的第 5 年，年薪达到 30 万元。

分析

这份职业生涯目标设定清晰，时间坐标也非常明确，内外职业生涯目标如经济目标、职务目标等具体、明确。

四、制订职业生涯目标的原则和方法

（一）制订职业生涯目标的原则

设定职业生涯目标有 5 条原则，将这 5 条原则英文的第一个字母放在一起，可以组合成一个英文单词 SMART。这 5 条原则分别如下。

① 明确性（specific）：即要明确描述需要完成的行动方案，如在学校工作，35 岁取得副教授资格。

② 可测量性（measurable）：即目标应该是可以衡量的，要有定量数据，如数量、质量、时间等。

③ 可实现性（achievable）：即目标必须符合自己的主客观实际，在可达到的范围之内。

④ 相关性（relevant）：即目标要与个人职业生涯发展的总体目标相联系。

⑤ 时限性（time-bounded）：即目标要在特定的时间内完成。

（二）制订职业生涯目标的方法

① 择己所爱：从事一项自己喜欢的工作，工作本身就能带来满足感，个人的职业生涯也会变得妙趣横生。兴趣是最好的老师，是成功之母。调查表明：兴趣与成功有着明显的正相关性。在制订自己的职业生涯目标时，大学生务必考虑自己的特点，珍惜自己的兴趣，择己所爱，选择自己喜欢的职业。

② 择己所长：任何职业都要求从业者掌握一定的技能，而一个人一生中不可能掌握所有技能，所以大学生在进行职业选择时必须择己所长，以便于发挥自己的优势。

③ 择世所需：社会的需求在不断演化，旧的需求不断消失，新的需求不断产生，新的职业也不断产生。所以大学生在制订职业生涯目标时，一定要分析社会需求，而且这个需求要长久，做到择世所需。最重要的是，大学生要学习预测未来行业或者职业发展方向，再做出选择。

④ 择己所利：职业是个人谋生的手段，其目的在于追求个人幸福。所以大学生在制订职业生涯目标时，首先要考虑的是自己的预期收益，实现个人幸福最大化，即在由收入、社会地位、成就感和工作付出等变量组成的函数中找出一个最大值。

五、建构职业生涯目标体系

当大学生基于自我探索、外界探索的结果，确立了一个职业生涯目标时，为了更好地实现这一目标，大学生可以通过目标分解与目标组合建构一个职业生涯的目标体系。

（一）职业生涯目标分解

职业生涯目标分解是根据观念、知识、能力差距，将职业生涯的大目标分解为有时间规定的长期、中期、短期目标，直至将目标分解为某确定日期可以采取的具体步骤。目标分解是将目标清晰化、具体化的过程，是将目标量化成可操作的实施方案的有效手段。

课堂案例

1984 年，在东京国际马拉松邀请赛中，名不见经传的日本选手山田本一出人意料地夺得了世界冠军。当记者问他如何取得如此惊人的成绩时，他说了一句话：凭智慧战胜对手。当时许多人都认为这个偶然跑到前面的个子不高的选手是在故弄玄虚。马拉松赛是考验体力和耐力的运动，只要运动员身体素质好又有耐性就有望夺冠，爆发力和速度都还在其次，说用智慧取胜确实有点勉强。

两年后，意大利国际马拉松邀请赛在米兰举行，山田本一代表日本参加比赛。这一次，他又获得了世界冠军。记者请他谈经验。山田本一性情木讷、不善言谈，回答的仍是上次那句话：用智慧战胜对手。这回记者没有再挖苦他，但对他所谓的智慧迷惑不解。

10 年后，这个谜终于被解开了，他在他的自传中是这么说的：每次比赛之前，我都要乘车把比赛的线路仔细地看一遍，并把沿途比较醒目的标志画下来，比如第一个标志是银行，第二个标志是一棵大树，第三个标志是一座红房子……这样一直画到赛程的终点。比赛开始后，我就以百米的速度奋力向第一个目标冲去，等到达第一个目标后，我又以同样的速度向第二个目标冲去。40 多公里的赛程，就被我分解成这几个小目标轻松地跑完了。起初，我并不懂这样的道理，我把我的目标定在 40 多公里外终点线上的那面旗帜上，结果我跑到十几公里时就疲惫不堪了，我被前面那段遥远的路程吓倒了。

分析

在现实中，人们做事之所以会半途而废，往往不是因为目标难度较大，而是他们觉得成功离自己太远失去信心。大学生可以分阶段实现大目标，也就是对职业生涯目标进行分解。

（二）职业生涯目标组合

职业生涯目标组合是将若干个分解后的阶段性目标按照内在的相互关系进行时间上或

功能上的组合，达成更为有利的可操作性目标，以便于自己集中时间、精力和其他资源，去实现最有益的或最有把握的目标。

① 时间上的组合：可以分为并进组合和连续组合两种。并进组合指同时着手实现两个或多个分目标，并进组合一般有利于个体开发潜能，个体将在同样的时间内迎接更大的挑战，但如果精力分配不合理，也不利于目标的实现。连续组合指用时间做纽带，将各个目标前后连接起来，有序地实现。

② 功能上的组合：可以分为因果关系组合和互补关系组合两种。因果关系组合指有些分目标之间有非常明显的因果关系，通常情况下，内职业生涯目标是因，外职业生涯目标是果。互补关系组合是把存在互补关系的目标进行组合。

六、制订行动方案

在确定职业生涯目标后，行动便成了关键的环节。没有具体的行动方案，制订目标也只是画饼充饥。大学生要实现职业生涯规划目标，还需要一套具体的方案。

（一）行动方案的含义

行动方案指为了实现职业生涯目标采取的各种行动与措施的安排。制订行动方案既要决定“应该做什么”，也要决定“不能做什么”。具体而言，职业生涯行动方案包括以下4个方面。

① 学习拓展方案：如在专业素质方面，计划采取哪些措施提高专业能力；在潜能开发方面，计划采取哪些措施进一步开发潜能；在超出专业学习之外的前瞻性准备方面，计划参加哪些培训与训练等。

② 工作预备方案：为实现职业生涯目标，计划采取哪些措施积累相关的实习经验、掌握相应的技能；计划通过哪些努力实现个人在工作中的良好表现与业绩等。

③ 人际维护方案：如计划如何构建与维护人际关系网络，为未来的发展寻找更广泛的支持与合作空间。

④ 工作、家庭平衡方案：为平衡职业生涯目标与生活目标、家庭目标等做出的种种努力与安排。大学生在校期间，这一维度更多地表现为如何安排学习、实践活动、休闲生活，平衡学习、实践、休闲之间的关系。

职业生涯行动方案要具体、明确，可操作性强，以便定期检查落实情况。如在制订学习拓展方案时，要考虑学习和培训的项目如何获得？在什么时间学习？在哪个机构和单位学习？由谁承担学习和培训的费用？获得培训的主要阻力是什么，如何克服？

（二）行动方案的制订流程

制订行动方案的过程好比一个解决问题的过程，大学生需要知道自己目前的实际情况和目标，找出其中的差距，继而使用资源和方法去弥补这个差距。具体来说，在制定行动方案的过程中，大学生需要问自己以下问题。

① 我现在已经掌握的知识和技能有哪些？例如：你在专业课程方面的学习情况，你在社会实践或实习方面的学习情况，你已经培养的技能有哪些等。

② 我的目标是什么？例如：你计划报考国内某财经大学的研究生。

③ 我需要具备什么才能实现目标？例如：要实现目标需要具备的知识与技能有哪些，需要具备哪些资源，需要从事什么实践活动。

④ 我要采取什么行动？例如：查询各院校的研究生招生信息；报名参加考研辅导班；列出复习计划； 与老师交谈，从他们那里得到需要的信息和帮助；拜访目标学校的学长，获得相关信息及资源。

⑤ 有关的时间限制是什么？例如：设定目标及其中各个目标达成的期限。

⑥ 我如何知道已经实现目标了？例如：在分解目标的各个步骤中设置评估的方法，并安排奖惩的措施。

⑦ 我要和谁讨论我的想法？例如：可以和了解你目标的长辈、老师、朋友、同学等讨论你的想法。

（三）实施行动方案

为实现职业生涯目标制订的行动方案就是职业生涯策略和措施。实施策略、措施要具体可行、易于评估，其内容包括职业发展路线、教育培训计划和时间计划等。

要赢得职业生涯的成功，需要明确的目标、科学的计划，更需要积极的行动。如果没有行动，目标就失去了意义，再周详的职业生涯规划也毫无价值，成功的职业生涯更无从谈起。因此，要使职业生涯规划成为现实，大学生必须按计划采取积极的行动。在行动中要注意以下 4 点。

1. 立即行动

职业生涯目标能否实现，在很大程度上取决于大学生是否能立即行动。大学生只有克服惰性，从现在做起，才能实现自己的职业生涯目标，逐步获得成功。

2. 持之以恒

大学生要实现自己的职业生涯目标，不仅要立即行动，而且需要持之以恒。

3. 有效行动

任何行动都要始终围绕目标进行，大学生只有这样，才能使自己的行动更加有效，践行职业生涯规划的行动也是如此。

4. 迂回取胜

大学生要实现职业生涯目标，一方面要积极行动，努力奋斗；另一方面也要灵活机动，迂回取胜。所谓灵活机动，主要指大学生需要根据内外环境的变化，随时对自己的职业生涯目标进行调整，必要时应准备备选方案，当情况变化时，就按备选方案行动。内外环境在变，大学生在行动上也应做出相应的变化，这样才能避免计划落空。

第四节 撰写职业生涯规划书

撰写职业生涯规划书，就是将职业生涯规划付诸纸面的过程。通过撰写职业生涯规划书，大学生可以设计和陈述自己对未来的规划，既便于接受师长的指导，也可以与同学切磋交流，还可以将其作为生涯发展的记录，以阶段性的成果形式呈现出来，为下一步的发展指明方向。作为一种书面表达方式，职业生涯规划书有一些基本的规范要求，应能够全面反映职业生涯规划的基本信息与内容。大学生在撰写时除遵循规划书的基本范式并涵盖其基本内容外也可以突出自己的个性。下面就来具体学习职业生涯规划书的撰写。

职业生涯规划书的主要内容包括封面、扉页、目录、正文四部分。

一、封面

封面一般是制作职业生涯规划书最先着手的部分。封面标题可以写为“大学生职业生涯规划书”，然后写明学校、学院、专业、班级、姓名、性别、指导教师等项，最后落款为撰写的时间。

二、扉页

扉页包括题目、个人资料、规划年限、年龄跨度、起止时间。大学生可自己拟订题目，贴合自己的实际情况即可。个人资料包括姓名、性别、出生年月、学校、院系、电话、电子邮箱等。规划年限不分长短，可以是 3 年、5 年，甚至是 20 年，视个人的具体情况而定，建议大学生规划年限为 3 ~ 5 年。写上年龄跨度的目的是帮助大学生提醒自己，人的生命周期是单向的和不可逆的，强调时间的紧迫性，如可以写“18 ~ 27 岁 ×× 大学期间及大学毕业后的五年规划”。起止时间指规划的起始日期和终止日期。

扉页的制作方法可参考表 4-3。

表 4-3 扉页（大学期间及大学毕业后的五年规划）

个人基本资料		
姓名：	性别：	出生年月：
学校：	学院：	专业班级：
联系电话：	电子邮箱：	年龄跨度：
起始日期：	终止日期：	撰写时间：

三、目录

目录是为了方便阅读将正文部分的内容进行提炼所得的大纲。目录的罗列方法可参考表4-4。

表4-4 目录

总论（引言）
一、自我探索
兴趣 能力 性格 价值观 自我探索小结
二、外界探索
家庭环境分析 学校环境分析 社会环境分析 职业环境分析 外界探索小结
三、职业定位
SWOT 分析 职业目标 职业发展策略 职业发展路径
四、计划实施
五、评估、调整
评估的内容 评估的时间 调整的原则 备选方案
六、结束语

四、正文

正文包括引言、自我探索、外界探索、职业定位、计划实施、评估与调整、结束语。引言和结束语此处不进行介绍。

（一）自我探索

职业生涯规划是一个由内而外的过程，大学生首先要理清自己期望达成的生涯目标是什么，自己具有哪些职业特质，然后去寻找、调整自己的生涯发展行动。这里的“内”一般包括了解自己的兴趣、能力、性格、价值观、优势、劣势等内容，具体撰写方法可参考表4-5。

表 4-5　自我探索

大学期间应该学会的 10 件事
职业兴趣——喜欢干什么
结合人才素质测评报告及 ×× 分析方法，我对自己进行了全方位、多角度的探索。在我的人才素质测评报告中，职业兴趣排前 3 项的是 ×× 型（× 分）、×× 型（× 分）、×× 型（× 分）。我的具体情况是……
职业能力——能够干什么
我的人才素质测评报告结果显示，我的 ×× 能力得分较高（× 分），×× 能力得分较低（× 分）。我的具体情况是……
性格——适合干什么
我的人才素质测评报告结果显示……。我的具体情况是……
职业价值观——最看重什么
我的人才素质测评报告结果显示，我的职业价值观排前 3 项的是 ×× 取向（× 分）、×× 取向（× 分）、×× 取向（× 分）。我的具体情况是……
胜任能力——优势、劣势是什么
我的优势： 我的劣势：
自我探索小节：

“自我探索”部分的内容撰写需注意以下 5 点。

第一，自我探索理论、模型运用要正确、合理。职业生涯规划是一个借助科学工具探索自己和周围世界的过程，因此大学生要善于使用科学工具，运用要合理，如探索兴趣可以参考霍兰德的兴趣理论，探索性格可以采用 MBTI 测评，探索价值观可以参考舒伯的价值观分类理论。

第二，自我探索需将自我特质与职业环境相联系。在制订职业生涯规划时，大学生探索自我的目的是进行初步的职业定位，而不是为探索自我而探索，要关注自我与职业环境两者的联系。

第三，用生活事件与经历来说明自己的特质。个体是被其经历影响和塑造的，而不是被模型决定的。测评只是一种外源性的参考，而非决定性因素，重要的是大学生要用生活中的事件与经历来证明自己有某方面的特征。如大学生可以根据霍兰德职业兴趣测评，测出自己的职业兴趣，列出自己的职业兴趣前 3 项是 ×× 型（× 分）、×× 型（× 分）和 ××（× 分）。但是，在职业生涯规划书中，如果大学生只是把这个测评结果罗列出来，其意义并不大。因为测评只是自我分析的工具，测评的结果也只是参考。接下来，大学生需要对前三项类型进行阐释，并与实际生活经验相对照。例如，作为现实型，测评者有哪些生活事件可以说明。也许，测评者是一个擅长拆卸、组装机器玩具的好手，或者是一名运动健将。而作为经营型，测评者应想想自己是否在学校就是各种活动的组织者，喜欢说服别人。

第四，自我探索时可以适当考虑他人的评价内容，如同学、朋友、师长的意见。

第五，自我探索不是一两次心理测评就可以解决的事情，而是要贯穿整个职业生涯过程的。

（二）外界探索

通过对自我特征的分析，大学生对“知己”已经有了一定的把握，接下来就是“知彼”的层面了。外界探索主要包括家庭环境分析、学校环境分析、社会环境分析、职业环境分析和外界探索小结。具体撰写方法可参考表 4-6。

表 4-6　外界探索

家庭环境分析： 如经济状况、家人职业、家庭社会关系网、家人期望等
学校环境分析： 如学校特色、专业学习、实践经验等
社会环境分析： 如就业形势、就业政策、竞争对手等
职业环境分析： ① 行业分析（如 ×× 行业现状及发展趋势，即人业匹配分析） ② 职业分析（如 ×× 职业的工作内容、工作要求、发展前景，即人岗匹配分析） ③ 企业分析（如 ×× 单位类型、企业文化、发展前景、发展阶段、产品服务、员工素质、工作氛围等，即人企匹配分析） ④ 地域分析（如 ×× 工作城市的发展前景、文化特点、气候水土、人际关系等，即人城匹配分析）
外界探索小结：

“外界探索”部分的内容撰写需注意以下 5 点。

第一，外界探索，不是没有目标地探索分析自己的家庭、学校、社会、职业环境，大学生应基于对自我的了解进行有针对性的探索分析，如根据自己的兴趣，先找到适合自己的职业环境，然后着重对该环境的信息进行搜集并分析，最后再反过来思考该环境对自己的新要求是什么。

第二，家庭环境分析，具体而言，大学生可以分析自己的家庭经济状况、家人职业、家庭社会关系网、家人期望等。需要强调的是，所有这些环境分析，都要与自己的职业生涯发展相联系，而不是纯客观的分析。同样是家庭经济状况一般的两名大学生，家庭经济状况一般只是一个客观事实，但与自己联系之后却可能有不同的选择，如甲同学为了改善家里的经济状况，打算大学毕业后直接工作，且对工作的经济报酬有一定要求；而乙同学则立志走一条读研、读博的道路，以便将来有长远的发展。这两种分析都将客观的环境分析与自身的职业发展规划联系了起来，都是符合自身实际的。

第三，学校环境分析，大学生应主要分析学校特色、专业学习、实践经验等。即使两名大学生是在同一所学校的同一个专业，由于内在自我的不同，外界投射到他们自我的结果也不同。因而在对学校环境进行分析时，大学生也要联系主观自我的部分。其次，学校环境的分析有双重含义：一是学校环境本身就是大学生探索的对象，尤其对于大学低年级学生或者准备继续升学的高年级学生来说，学校环境是其“发展环境”的一部分；二是学校环境也是大学生发展职业或学业的资源性因素，如学校可以为大学生提供提高多方面能力与获取多方信息的资源库，是大学生成长与发展的背景与平台。从探索对象与发展平台两个角度去分析学校环境，会有不同的侧重点，前者关注的是“它是什么”，后者侧重“它可以为我提供什么”。

第四，社会环境分析，大学生应主要分析就业形势、就业政策、竞争对手等。社会环境包含的面非常广，较难把握。在撰写职业生涯规划书时，大学生要选择与自己的职业生涯发展密切相关的环境和事件加以分析，不需要把所有的事情都论述清楚，关键是要对这些环境事件有自己的分析与思考，而不仅仅是陈述或摘录事实。社会环境分析要求言简意赅、突出特色，但意思要表达充分。

第五，职业环境分析，大学生对于职业环境的分析要遵循从宏观到微观的渐进性，从行业、职业，到单位、岗位等。宏观的环境因素为小环境提供了发展背景，而对于职业的探索，只有具体到较微观的部分（如某个岗位、某个专业方向），才是比较有效的、有导向性的。

（三）职业定位

职业定位包括 SWOT 分析、职业目标、职业发展策略、职业发展路径及具体路径等内容。具体撰写方法可参考表 4-7。

表 4-7　职业定位

外部环境分析（O-T） 内部环境分析（S-W）	机会（O）	威胁（T）
优势（S）	优势、机会策略（S-O）	优势、威胁策略（S-T）
劣势（W）	劣势、机会策略（W-O）	劣势、威胁策略（W-T）

结论：

职业目标	5 年后在 ×× 行业达到 ×× 职位
职业发展策略	进入 ×× 类型的组织（到 ×× 地区发展）
职业发展路径	走专家路线（管理路线等）
具体路径	×× 员—初级 ××—中级 ××—高级 ××

综合自我分析及职业分析的主要内容，得出职业定位的 SWOT 分析结果。

“职业定位”部分的内容撰写需注意以下 3 点。

第一，SWOT 分析是基于一定职业生涯目标的分析。

第二，SWOT 分析之后是 SWOT 策略分析，只有完成后者它的价值才能体现出来。

第三，制订职业生涯目标要客观、明确，职业发展路径要符合逻辑与现实。

（四）计划实施

计划实施，即大学生在职业生涯规划书中，对如何实现自己的职业生涯目标制订一个详细而又切实可行的行动计划和策略方案，包括计划名称、时间跨度、总目标、分目标、计划内容、策略和措施等。具体撰写方法可参考表 4-8。

表 4-8 计划实施

计划名称	时间跨度	总目标	分目标	计划内容（参考）	策略及措施（参考）	备注
短期计划（大学计划）	20××—20××年	如大学毕业时要达到……	如大一要达到……大二要达到……或在某些方面要达到……	如专业学习、职业技能培养、职业素质提高、职业实践计划等	如大一以适应大学生活为主，大二以专业学习和掌握职业技能为主，或为了实现××目标我要……	大学生职业生涯规划的重点
中期计划（毕业后五年计划）	20××—20××年	毕业后第五年时要达到	如毕业后第一年要……第二年要……或在××方面要达到……	如职场适应、岗位转换及升迁等	省略	大学生职业生涯规划的重点
长期计划（毕业后 10 年或 10 年以上计划）	20××—20××年	如退休时要达到	如毕业后第十年要……第二十年要……	如事业发展，工作、生活关系，健康，心灵成长，子女教育等	省略	方向性规划
详细执行计划如下：本人现正就读大学×年级，我的大学计划是……						

“计划实施”部分的内容撰写需注意以下 4 点。

第一，行动计划的选择要以职业生涯目标为准绳。职业生涯发展的行动计划是为实现职业生涯目标服务的，大学生在制订行动计划时，必须根据自己的职业生涯目标及自己与目标之间的差距，有的放矢，有针对性地采取行动，使自己的每一步行动都朝目标近一点。

第二，根据目标需求，确定行动策略。大学生在确定行动策略时，要围绕目标要求进行选择，如根据实现目标对个人的知识、技能和人际交往能力的要求，确定自己的行动策略和方案。对于大学生来说，在校期间主要是进行知识的积累和能力的锻炼，在大学毕业初期则要完成从学生到职业人的转变。

第三，平衡各个目标，使其协调发展。个体在不同角色下会有不同的要求和目标，如职业目标与家庭目标、职业目标与生活目标等。因此，大学生在撰写职业生涯规划书时，应该尽量将不同角色下的发展目标协调起来，以免目标太多造成冲突。

第四，行动策略与行动计划要清晰、明了、准确。大学生撰写的职业生涯规划书要简洁易读，特别是行动策略和行动计划，还要有利于执行。大学生要在行动策略、行动计划与职业生涯目标之间建立内在的因果关系。另外，行动策略和行动计划要繁简合理、详略得当。

课堂案例

陈强和赵丽咨询过辅导老师后，分别列出以下计划实施表（见表 4-9 和表 4-10）。

表 4-9 陈强的计划实施表

计划名称	时间跨度	总目标	分目标	策略及措施
短期计划：大学阶段	20××—20××年（4年）	拥有充实的大学生活，培养良好的专业技能、沟通表达技能，提高对社会认知度	大一要扎实学习基础知识，适当参与社会实践项目； 大二深入钻研专业基础知识，参与专业实践活动； 大三钻研专业知识，为考研或保研做准备； 大四完成本科毕业论文，顺利考研或保研	大一，认真学习各门课程，学分绩点在 3.5 学分以上，通过全国大学英语四级考试；加入一个学生组织，如校团委组织部；参加一次社会实践活动； 大二，认真学习各门课程，提高学分绩点；通过全国计算机等级考试二级 C++ 考试、全国大学英语六级考试； 大三，认真学习各门课程，提高学分绩点；参加竞赛活动；为考研或保研做准备； 大四，加强与专业老师联系，完成本科毕业论文；顺利考研或保研
中期计划：硕士阶段	20××—20××年（3年）	硕士研究生毕业时要具备相应的专业知识和足够强的工作能力	研一要扎实学习专业知识，适当参与专业项目； 研二深入钻研专业知识，同时参与实践活动； 研三完成硕士毕业论文，顺利毕业	研一，上好专业课，同时提高英语能力；对导师的项目有所接触，增加专业感； 研二，上学期要继续深入研究专业方面课题，同时为毕业论文的开题做准备，参加一些学校代课或企业讲座的实践；研二下学期开始着手撰写论文，同时找一份较为稳定的实习工作； 研三，上学期主要撰写毕业论文，同时进入就业市场寻找工作机会；下学期完成论文的答辩，签约家乡某所大学辅导员岗位的工作

续表

计划名称	时间跨度	总目标	分目标	策略及措施
长期计划：博士阶段	20××—20××年	争取取得博士学位，成为大学讲师	硕士毕业后两年内，在大学里认真工作；第三年开始考虑读博；第六年取得博士学位	硕士毕业后两年内，利用业余时间进行一些专业方面的科研学习；毕业第三年，准备为考博做复习工作并考取博士；第四、第五、第六年，完成读博并取得博士学位；博士毕业后两年内，评上讲师职称
人生计划	20××—20××年	成为大学教授，并成为本地区该专业的学科带头人	毕业后第一个10年要在专业上有长足进步，争取评上副教授职称；毕业后第二个10年要争取成为本地区行业内的权威，评上教授职称；毕业后第三个10年准备迎接退休	毕业后第一个10年，除了要搞好科研，还要增加和企业合作的机会，积累到企业开展讲座和培训的经验；毕业后第二个10年，要将教学、科研和企业锻炼更好地结合起来，巩固自己在专业上的能力；毕业后第三个10年，要静下心来，全心全意回到科研的重心上来，吸收更多、更新的专业知识，多做一些专业科研，为后人的专业学习提供帮助和指导

表4-10 赵丽的计划实施表

计划名称	时间跨度	总目标	分目标	策略及措施
短期计划：大学阶段	20××—20××年（4年）	拥有充实的大学生活，培养良好的专业技能、沟通表达技能，提高对社会的认知度		大一，认真学习各门课程，学分绩点在3学分以上；加入一个专业社团，参加社团各类实践活动；大二，认真学习各门课程，学分绩点3学分以上；加强与辅导员等的联系；暑期找到实习工作单位实习
中期计划：硕士阶段	20××—20××年（3年）	分为两个阶段：阶段一，进入部队，担任技术类研发人员；阶段二，退伍后进入自动化相关行业，从事技术或管理工作		在部队中，适应部队环境．提高专业技能，培养以部队经历、专业技术、沟通能力、管理能力等为核心的竞争力，积累人脉资源；退伍后，积累社会资源、学习管理方法、积累资金，为创业做准备
长期计划：博士阶段	20××—20××年			
人生计划	20××—20××年			

（五）评估与调整

职业生涯规划是一个动态的过程，大学生必须根据实施结果及相应变化进行及时的评估与调整。评估与调整主要包括评估内容、评估时间、调整原则、备选方案，具体撰写方法可参考表 4–11。

表 4–11 评估与调整

评估条目	具体内容
评估内容	①职业目标评估（是否需要重新选择）：假如一直……，那么我将…… ②职业路径评估（是否需要调整发展方向）：当出现……时，我就…… ③实施策略评估（是否需要改变行动策略）：如果……，我就…… ④其他因素评估（身体、家庭、经济状况及机遇、意外情况的及时评估）
评估时间	一般情况下，我会定期（半年或一年）评估，当出现特殊情况时，我会及时评估并进行相应的调整
调整原则	
备选方案	

“评估与调整”部分的内容撰写需注意以下两点。

第一，调整不是 360 度大转折，而是在利用原有优势和条件的基础上优化组合，在调整中达到提升。

第二，备选方案应该是积极的，大学生对备选方案的制订，也应该是一个深思熟虑的“自内而外”的规划过程。例如，在自我探索部分，大学生得到许多推荐的职业，可以从中选择自己的最佳方向。那么在制订备选方案时，大学生需要再选出第二个方向。

需要注意的是，职业生涯规划书内容的顺序与规划的步骤也可以不完全一致。职业生涯规划是先进行自我探索与外界探索，然后才确立职业生涯目标；而规划书内容的顺序也可以先写出职业方向和总体目标，然后再写出自我探索和外界探索的结果，这并不矛盾。因为职业生涯规划书的形成是建立在按正常步骤进行规划的基础之上的，而将职业方向与目标提前，是为了突出目标和阅读上的方便。

PART 02

第二编 就业指导编

每个人都在寻找自己的理想岗位，它承载了个体的职业理想。就业是每个人人生中的关键点，是大学生成为职业人的转折点。

CHAPTER 05

第五章　大学生就业权益与保障

课堂案例

毕业生小杨通过网络找到了一家民营企业。在正式就职之前，他来到该企业指定的培训中心交纳了相关的培训及服装费用。该企业承诺，如果职员在培训后因为企业的原因没有被录用，将退还培训中所有的费用。

结果，由于企业人事调整，小杨没有进入该企业工作。当他向该企业要求退还培训等费用时，因拿不出缴费的证据而被企业拒绝。

分析

签订劳动合同时要求劳动者提供押金的做法是法律明确禁止的。大学生在就业过程中应牢固树立证据意识。证据意识的培养主要体现在 3 个方面：一是收集证据的意识，大学生在就业时要有意识地叫对方出示或者提供相关资料，来佐证一定的事实，如要求公司出示营业执照、要求相关人员出示表明身份的证件等；二是保存证据的意识，大学生要注意保存现有的证据，以便将来在仲裁或诉讼时支持自己的观点，如保存公司在招聘时的海报，与公司往来的邮件等；三是运用证据的意识，大学生要有用证据证明事实的意识，知道什么样的事实需要什么样的证据证明，知道一定事实的举证责任是在对方还是己方等。

第一节　诚信就业

现代经济社会，诚信是市场经济高速运转的基础，是市场主体之间建立牢固伙伴关系的前提，也是市场主体树立品牌和企业形象的基石。近年来，一些大学生在求职和择业过程中，忽视了诚信原则、任意违约、伪造身份、捏造成就等。大学生是未来经济建设的主体，民族复兴的主力，大学生诚信就业与否，不仅关系到大学生的自身形象建设和自我发展，关系到我国社会道德建设水平，还直接影响我国的经济建设，关系着我国市场经济体制建设的成败。

课堂案例

某食品加工企业向社会招聘一名销售主管，大学生王某前往应聘。他向企业递交了曾在多家企业从事销售主管工作的书面说明。企业求贤若渴，很快就与王某签订了自 2016 年 8 月至 2017 年 8 月的劳动合同。合同约定：该食品加工企业聘用王某为销售主管，月薪 8000 元。王某工作 2 个月后，销售业绩平平，经理要求他制订销售计划，加大销售力度。王某认为熟悉业务需要一段时间，不能操之过急。

大半年过去了，王某的销售业绩仍无起色，经理遂对其工作经历产生怀疑，于是派人调查，结果发现王某所说的“曾在多家企业从事销售主管工作”纯属虚构。企业当即做出了解除劳动合同的决定。2017 年 2 月 20 日，企业通知王某自 2017 年 3 月 1 日起解除劳动合同。之后，王某领取 2017 年 2 月的工资 4000 元。王某对企业解除劳动合同的决定不服，要求企业按照解除劳动合同的有关规定支付经济补偿金。

当地劳动争议仲裁委员会经庭审后认为，本案中，王某为达到与企业签订劳动合同的目的，隐瞒真实情况，虚构其曾在多家企业从事销售主管工作的经历，骗取企业的信任，致使企业在急需销售主管时与其签订了劳动合同。王某的这种做法属欺诈行为，影响了企业的正常生产工作秩序。因此，王某与企业订立的劳动合同自订立时起就没有法律约束力，应属无效合同。王某要求的经济补偿金没有依据，法律不予支持。

分析

诚信是中华民族的传统美德，也是我国市场经济的基本准则，更是大学生健全人格的体现。大学生诚信就业对社会、高校、用人单位以及大学生本身都具有重要意义；反之，大学生就业过程中的失信问题会产生恶劣的社会影响。当前，大学生就业中存在的失信行为主要表现为：求职简历自我拔高，伪造证书、奖状，多处签约及频繁跳槽等。加强大学生就业诚信建设，需多方协作，政府要发挥在社会诚信建设中的“指挥棒”作用，建立良好的社会诚信环境；学校要履行在大学生诚信品行培育中的“主阵地”职责，加强对学生的诚信教育与管理；家庭应凸显在青年品德塑造中的“引路人”效用，树立良好的诚信榜样；用人单位在人才选拔中要用活“主考官”权利，营造和谐的劳动人事关系；大学生要明确在就业竞争中的“运动员”身份，提升自身的就业能力。

第二节 就业权益保障

案例概述

2016年5月，河南某大学与某市属企业签订了实习协议，双方约定：该大学向这家企业提供实习学生5～8名，企业对实习大学生进行实习教学，实习期限为2016年5月8日至11月7日。2016年5月，郑某等3人被学校委派到该企业实习，从事技术工作。7月1日，3位学生在学校正常领取了大学毕业证书。随后3人提出，他们已经属于毕业生，而不再是学校委派的实习生，企业应当给予他们正常劳动者的待遇，但此要求遭到企业拒绝。学校和企业都认为只有实习期满才能获得正式员工的待遇。9月24日，3位毕业生决定离开该企业，但该企业坚持不向3人发放9月份工资，双方为工资给付等问题产生了劳动争议。此后，3位大学生向该市劳动争议仲裁委员会申请仲裁，委员会认为此案不属于其受理范围，于10月23日发出不予受理通知书。10月26日，3人向该市人民法院提起诉讼。受理案件后，办案法官最终使双方达成调解协议。12月27日，郑某等3人拿到了应得的工资。

分析

1995年原劳动部颁发的《关于贯彻执行〈中华人民共和国劳动法〉若干问题的意见》第十二条规定："在校生利用业余时间勤工助学，不视为就业，未建立劳动关系，可以不签订劳动合同。"这一规定实际上明确否认了实习生的劳动者地位，因此在我国，实习生不享受正式劳动者的地位。本案中，3名大学生从2016年5月到2016年6月30日属于实习生，企业不按正式员工为其发放工资并不违法。但自2016年7月1日3名大学生拿到毕业证之日起，他们就属于毕业生，不再是学校委派的实习生，如果他们继续为其企业工作，那企业就必须给予他们正常劳动者的待遇。

《中华人民共和国劳动合同法》（以下简称《劳动合同法》）第七条规定："用人单位自用工之日起即与劳动者建立劳动关系。"《劳动合同法》第十条规定："建立劳动关系，应当订立书面劳动合同。已建立劳动关系，未同时订立劳动合同的，应当自用工之日起一个月内订立书面劳动合同。"签订劳动合同不再作为建立劳动关系的标志，用工事实发生成为劳动关系的起始时间。因此，只要企业用工开始，即认为劳动者与企业已经确定了劳动关系，不管双方是否签订书面劳动合同，劳动者都应享受正式员工的待遇。

一、大学生就业的权利与义务

权利与义务是法律的一对核心范畴，法律以权利和义务为机制调整人与外界之间的关系。因此，权利和义务关系到每一个人在法治社会中的生存状态，对于大学生亦然。与大学生相关的权利和义务既包括普遍意义上的公民的权利和义务，又包括大学生自身的权利与义务。《中华人民共和国宪法》（以下简称《宪法》）中规定了公民的权利和义务，从法理角度为权利与义务的内容作了原则上的铺垫。

（一）大学生就业中的基本权利

法学家米尔恩说："权利概念之要义就是资格，如果你对某物享有权利，是说你有资格享有它。那么，因他人的作为或不作为而否定你享有它，就是不正当的。他人因你享有它而使你陷于不利或使你受难，也是不正当的。"就业权利是大学生依法享有的权利，也是最基本的权利，个体之间应当予以相互尊重和维护。就业权利意识是大学生就业维权意识的基础和前提，只有明确自身的权利，才能表现出权利主体意识的觉醒，正确认知自身和尊重他人享有的就业权利，明确履行义务的应当性。

大学生培养就业权利意识，一是要熟悉掌握就业相关法律法规基本知识，明确自身享有的权利，才能明辨用人单位的招聘、面试、录用是否合法，在权利与义务之间，充分展现自身的个人和社会价值；二是要学会掌握就业的主动权，增强对就业权益的尊重和维护意识。如果大学生把就业主动权交给用人单位，就容易处于被动状态。大学生劳动纠纷案件少，并不是不存在用人单位的侵权行为，而是因为大学生就业权利意识淡薄。就业是一个自由平等选择的过程，大学生必须清楚地认识到自己在社会上扮演的角色。大学生提升就业权利意识既是对自身就业权利的尊重，也是维护大学生整个群体就业权利的体现。根据《宪法》《中华人民共和国劳动法》（以下简称《劳动法》）《中华人民共和国高等教育法》（以下简称《高等教育法》）《普通高等学校毕业生就业工作暂行规定》等法律、法规和政策中的有关规定，毕业生主要享有以下 9 方面的基本权利。

1. 接受就业指导权

学生有权从学校接受就业指导，学校应成立专门机构，安排专门人员对毕业生进行就业指导，包括向毕业生宣传国家关于毕业生就业的有关方针、政策；对毕业生进行择业技巧的指导；引导毕业生根据国家、社会需要，结合个人实际情况进行择业，使毕业生通过接受就业指导，准确定位、合理择业。

2. 获取信息权

毕业生获取信息权，应包括三方面的含义：信息公开，指所有用人单位的需求信息必须向全体毕业生公开，任何单位和个人不得隐瞒、截留需求信息；信息及时，指毕业生获取的信息必须是及时、有效的，而不能将过时无利用价值的信息传递给学生；信息全面，指毕业生有权获得准确、全面的就业信息，以便对用人单位有全面的了解和进行筛选，从而做出符合自身要求的选择。

3. 被推荐权

高等学校在就业工作中的一个重要职责就是向用人单位推荐毕业生。历年工作经验证明，学校的推荐往往在很大程度上影响到用人单位对毕业生的取舍。毕业生享有被推荐权包含以下 3 方面内容：①如实推荐，即高校在对毕业生进行推荐时，应实事求是，根据毕业生本人的实际情况向用人单位进行介绍、推荐；②公正推荐，学校对毕业生进行推荐应做到公平、公正，应给每一位毕业生就业推荐的机会；③择优推荐，学校根据毕业生的在校表现，在公正、公开的基础上，还应择优推荐。

4. 知情权

毕业生在与用人单位签订协议前，有权了解用人单位的基本情况，包括生产经营的情况、工作环境、生活条件和工资待遇情况，以及用人单位的规模、地点和拟安排的工作岗位等情况。

5. 选择权

根据国家有关规定，实行招生并轨改革的高校毕业生在国家就业方针、政策指导下自主择业。毕业生只要符合国家的就业方针和政策，就可以自主地选择用人单位，学校、其他单位和个人均不得干涉。任何将个人意志强加给毕业生，强令毕业生到某单位的行为都是侵犯毕业生选择权的行为。毕业生可结合自身情况自主与用人单位协商，要求学校予以推荐，直至签订就业协议。

6. 平等待遇权

用人单位招录毕业生，应坚持公开、公平、公正的原则，任何凭关系、性别歧视等行为都是对毕业生平等待遇权的侵犯。《劳动法》第十二条规定：“劳动者就业，不因民族、种族、性别、宗教信仰不同而受歧视。”第十三条规定：“妇女享有与男子平等的就业权利。在录用职工时，除国家规定的不适合妇女的工种或者岗位外，不得以性别为由拒绝录用妇女或者提高对妇女的录用标准。”

7. 违约及求偿权

毕业生、用人单位签订协议后，任何一方不得擅自毁约。如用人单位无故要求解约，毕业生有权要求对方严格履行就业协议，否则用人单位应对毕业生承担违约责任，支付违约金，毕业生有权利要求用人单位进行补偿；《中华人民共和国合同法》（以下简称《合同法》）第一百一十二条规定：“当事人一方不履行合同义务或者履行合同义务不符合约定的，在履行义务或者采取补救措施后，对方还有其他损失的，应当赔偿损失。”第一百二十二条规定：“因当事人一方的违约行为，侵害对方人身、财产权益的，受损害方有权选择依照本法要求其承担违约责任或者依照其他法律要求其承担侵权责任。”

8. 解除协议权

当履行协议后，毕业生的权益或人身自由、人身安全受到用人单位严重侵害时，毕业生可以主动提出解除协议。《劳动法》第三十二条规定：“有下列情形之一的，劳动者可以随时通知用人单位解除劳动合同：（一）在试用期内的；（二）用人单位以暴力、威胁或者非法限制人身自由的手段强迫劳动的；（三）用人单位未按照劳动合同约定支付劳动报酬或者提供劳动条件的。”

9. 申诉权

《劳动法》第七十七条规定：“用人单位与劳动者发生劳动争议，当事人可以依法申请调解、仲裁、提起诉讼，也可以协商解决。调解原则适用于仲裁和诉讼程序。”第七十九条规定：“劳动争议发生后，当事人可以向本单位劳动争议调解委员会申请调解；调解不成，当事人一方要求仲裁的，可以向劳动争议仲裁委员会申请仲裁。当事人一方也可以直接向劳动争议仲裁委员会申请仲裁。对仲裁裁决不服的，可以向人民法院提起诉讼。”第八十三条规定：“劳动争议当事人对仲裁裁决不服的，可以自收到仲裁裁决书之日起十五日内向人民法院提起诉讼。一方当事人在法定期限内不起诉又不履行仲裁裁决的，另一方当事人可以申请人民法院强制执行。”此外，《合同法》第一百二十八条也规定，“当事人可以通过和解或者调解解决合同争议。当事人不愿和解、调解或者和解、调解不成的，可以根据仲裁协议向仲裁机构申请仲裁”“当事人没有订立仲裁协议或者仲裁协议无效的，可以向人民法院起诉。当事人应当履行发生法律效力的判决、仲裁裁决、调解书；拒不履行的，对方可以请求人民法院执行。”

（二）大学生就业中的基本义务

权利与义务是不可分割的，这是就业维权的必要条件。就业权利意识和就业义务意识，是大学生就业维权意识的前提和重点。

1. 服从国家需要的义务

虽然毕业生在就业时有相当大的自主择业权，但是并不能排除服从国家需要的义务。当国家重点建设项目或某些行业急需人才的时候，毕业生应积极为国家的重点建设工程或项目服务，如西部志愿者、三支一扶、服兵役等。

2. 向用人单位实事求是介绍个人情况的义务

毕业生在向用人单位进行自我推荐、自我介绍和接受考察时，有义务全面地、实事求是地反映个人情况，以利于用人单位的遴选，不得夸大其词、弄虚作假。

3. 接受用人单位组织的测试或考核的义务

用人单位为了招聘到符合要求的毕业生，一般都要通过一些测试或考核手段来了解毕业生的情况，通过比较，做出是否录用的决定。因此，毕业生应予积极配合，充分展现自己的能力，接受用人单位的测试和考核。

4. 严格按照就业协议及其他合法约定履行相应的义务

《合同法》第八条规定：“依法成立的合同，对当事人具有法律约束力。当事人应当按照约定履行自己的义务，不得擅自变更或者解除合同。依法成立的合同，受法律保护。”毕业生应认真履行协议或合同，不得无故擅自变更或自行解除。如果单方违约，必须主动承担违约责任。

5. 不断提高职业技能的义务

大学生在择业前应对自己充分了解，知道自己能干什么、擅长什么，想干什么，注意学以致用，尽量发挥自己专业优势和形象、气质、性格、语言表达能力等非专业优势。

大学生在选择职业和确定目标单位之前，应从环境分析、企业分析等方面评估职业和目标单位的各种因素对自己职业生涯发展的影响。大学生应“顺从”社会劳动力的流动分配形势，适时调整自己的就业心态，切忌按照自己的主观意愿挑选就业地域和企业类型；应当理智地把握“先就业后择业”的观点，灵活处理面临的机遇。

大学生必须树立竞争性的择业观，主动出击，全方位地展示自己的才能，自我推荐，这样才可能被“伯乐”相中。如果一味“等、靠、要”，结果只会是一事无成。

二、大学生就业权益及法律保障

根据教育部公布的数据，2019 年全国应届高校毕业生预计达 834 万人，比 2018 年增加 14 万人。就业形势的日益严峻使用人单位占据着主动地位，应届毕业生在就业中受到的侵权现象不断增多，提高毕业生就业维权意识，保障他们的合法权益，使毕业生顺利完成从校园到社会的过渡，不仅是保障毕业生就业权利的客观需要，也是维护社会和谐稳定的重要内容。

（一）大学生权益和大学生权益意识

对于大学生权益的理解，很多学者从两个方面做了论述，即大学生作为普通公民享有的普通正当权益和教育法规定的学生作为受教育者享有的权利。有学者指出，大学生权益就是大学生在接受高等教育的过程中应享有的权利，不同于其作为公民应享有的普通权益，而是大学生作为一个特殊群体享有的特殊权益，其核心是围绕权益主体自我素质的提高，其指向是大学生作为人的自我质量，即将来立足于社会，能为家庭、社会创造财富的能力。对于大学生权益意识的理解，有学者指出，大学生权益意识简言之就是大学生在接受教育的过程中，根据自我的价值判断，为了不断完善自我，向学校提出的满足自我实现条件和要求的愿望。

（二）大学生就业权益基本内容

由于大学生就业群体的特殊性，他们除了享有普通公民享有的正常就业权益还享有平等就业权、劳动报酬权、社会保障权、劳动就济权等就业权益。

1. 平等就业权

平等就业权是大学生就业群体享有的最基本的就业权益。平等就业权不仅是要求用人单位提供平等的就业机会，也要求大学生能在工作过程中享有相同平等的福利待遇。

2. 劳动报酬权

劳动报酬权即大学生完成用人单位规定的工作后得到报酬的权利。在现实情况中，少数企业为了缩减劳动成本、逃脱管理部门监督，会在大学生毕业求职期大规模地招聘实习、试用期毕业生，承诺超过一定的试用期就可以转正。这些用人单位正是抓住了处于实习期的毕业生想留在实习单位的想法，趁机降低他们的工资标准，加大他们的工作强度，等快到实习期满的时候再以各种理由辞退这些实习生。这种情况违反了《劳动法》的相关规定，严重侵犯了大学生的劳动报酬权。

3. 社会保障权

大学生一旦与用人单位签订了劳动合同，用人单位就应该根据相关法律规定为他们按照一定的比例缴纳社会保险。根据《中华人民共和国社会保险法》（简称《社会保险法》）的规定，用人单位应当自用工之日起三十日内为其职工向社会保险经办机构申请办理社会保险登记。

4. 劳动救济权

大学生在与用人单位发生争议冲突时，可将情况反映给相关部门请求处理。根据《中华人民共和国劳动争议调解仲裁法》（简称《劳动争议调解仲裁法》）的规定，谁主张谁举证，大学生应保留好证据材料，提交给有关部门。

（三）当前大学生就业过程中权益遭受侵犯的几种情况

当前大学生就业过程中权益遭受侵犯的几种常见情况如下。

① 大学生在就业过程中因户籍、性别、外貌、健康状况等受到歧视。

② 大学生因“试用期”概念模糊遭受欺骗。

③ 大学生因协议或合同内容遭受权益受侵。

④ 大学生工作后协议或合同得不到保障。

第三节 就业安全

大学生在就业过程中要提高警惕，否则有可能落入就业陷阱。大学生就业陷阱指用人单位、其他机构或个人，利用大学生的弱势地位（如社会经验不足、自我保护意识差、就业竞争激烈等），以提供就业机会为诱因，采用违法悖德等手段，与大学生达成权利与义务不对等的各类就业意向（协议），以期侵害大学生合法权益的现象。

一、大学生就业陷阱的表现特征

当前大学生就业陷阱主要表现出以下 3 个典型的特征。

（一）欺骗性

欺骗性主要表现为用人单位以虚假宣传、不实承诺、伪善行为来取得大学生的信任和期望，在协议中提出苛刻条件，隐藏各种不法目的。

（二）诱惑性

诱惑性主要表现为用人单位着力包装、夸大事实，并以单位各种招牌、荣誉、待遇和发展前景蛊惑大学生，大学生很容易被诱骗上钩。

（三）隐蔽性

隐蔽性主要表现为用人单位的欺骗手段较隐蔽，大学生一不小心就有可能落入陷阱。

二、大学生就业陷阱的主要类型

（一）招聘陷阱

一是招聘会不合法。有些双选会打着大学生招聘的幌子，实质是未经有关主管单位审批的私自集会。二是变相收费。如有些招聘单位不当场签约，要求通过网络或电话继续洽谈，而这些网络或电话都是收费的；有些用人单位收取大学生报名费、资料费或培训费等。三是用招聘掩盖违法行为。有些用人单位打着招聘的幌子，逼迫大学生做传销、推销或其他违法的事情。

（二）中介陷阱

一是收取高额的中介费用。二是一些非法中介机构或中介网络，收取一定的费用，却以种种理由推脱责任。有些中介虽然介绍了单位，但用人单位的状况与大学生求职的要求相去甚远。三是非法中介机构之间相互串通，以在大城市高薪就业、落户等名义开展中介，收取大学生不菲的中介费后，介绍他们到外地中介。外地中介找不法用人单位或私人小企业让大学生打零工，而户口、档案却长期违法滞留，甚至被丢失。

（三）就业协议陷阱

一是为口头承诺。口头承诺如果没有在就业协议中予以体现，就没有法律约束力。二是不平等协议。一些大学生缺乏维权意识，在求职中又处于弱势地位，致使就业协议在某种程度上成为“霸王合同”。大学生在签订就业协议时，一定要慎防无保障协议、死协议、卖身协议等不平等协议。三是就业协议代替劳动合同。有些用人单位以就业协议替代劳动合同，在就业协议中添加了一些不符合劳动法规定的条款麻痹大学生。

（四）试用期陷阱

一是没有试用期。试用期是劳动合同的约定条款，对双方都有约束力，试用期长短或有无由双方依法在劳动合同中约定。某些用人单位规定大学生报到就签订劳动合同，立即上岗。可当大学生感到单位各方面情况不尽如人意，想要另谋高就时，才发现自己在“无意”间放弃了试用期这一有利的武器，丧失了自己本该拥有的权利。在这种情况下，如果大学生要单方面解除合同，无疑要承担惨重的代价。二是试用期过长。在大学生就业中，有关试用期的违规违法现象主要表现为试用期超过一年，有的甚至长达两年；有些单位以试用期的名义不签合同，且借故延长试用期；有些单位签的是劳动合同，合同中书写的却为试用期。这些应当引起大学生的高度重视。

（五）培训陷阱

一是培训机构收了培训费不安排工作。二是培训机构与用人单位联手侵害大学生。大学生交了昂贵的培训费后，被推荐到一些位置偏僻、层次较低的企业，甚至在试用期就被借故辞退。三是用人单位的培训陷阱。有些用人单位要求新进大学生必须经过某某机构培训，考核合格才能录用。结果考核过关者却寥寥无几。被录用者也难逃厄运，可能工作刚满试用期即被以各种理由辞退。

（六）保证金、押金陷阱

按照国家有关法律规定，严禁用人单位在大学生就业中向其收取费用，包括资料费、培训费、保证金、押金等。

（七）安全陷阱

大学生就业存在的种种问题，给一些不法之徒提供了可乘之机，给大学生造成了安全隐患。大学生在就业过程中要注意人身安全和财物安全。

大学生要多参与社会实践，在社会化过程中不断锤炼，迅速成熟起来。家人和学校的保护是有限的，短暂的，更现实的办法是自己多积累社会经验，分清是非、明辨良莠，树立较强的自我保护意识。

CHAPTER 06

第六章 求职行动

第一节 获取就业信息

课堂案例

张某在刚进入大学时就在不断思考和规划自己的大学生活。学习期间，他对广告业产生了浓厚的兴趣。于是他通过各种途径不断加深自己对广告行业的了解，同时努力提升自己的专业技能。大学毕业前，张某得到了在一家广告公司做兼职助理的机会。他在实习期间表现良好，最终提前拿到了该公司正式工作的录用通知。

分析

大学生就业获得成功的首要因素，就是获取就业信息。当前人才市场竞争激烈，大学生求职成功与否不仅取决于就业形势、市场需求、个人素质等因素，也取决于大学生掌握就业信息的情况。

大学生通过高校就业主管部门、人才市场、大众传媒、社会关系网、网络信息、毛遂自荐等渠道获取与就业相关的就业政策、就业形势、人才需求等信息，再对其进行分析筛选，最终能对大学生择业有价值的消息、资料或情报即就业信息。

有价值的就业信息对大学生就业至关重要。首先，有价值的就业信息可以帮助大学生有效地分析就业形势、就业政策，使其在择业过程中找准自己的位置，确定择业意向，少走弯路，确保顺利就业。其次，有价值的就业信息是大学生择业的基础，是大学生走向用人单位的桥梁。谁获得了更有效的就业信息，谁就获得就业竞争的主动权。再次，有价值的就业信息可以帮助大学生适时调整自己的知识结构，提升自己的能力素质，增强自己的就业竞争优势，即大学生可以通过收集到的就业信息发现自己的不足。最后，有价值的就业信息可以帮助大学生在今后的自主创业、自我发展的过程中实现自己的职业理想，因为有效的就业信息能够使大学生主动了解社会、了解自己，便于今后就业。因此，大学生要想顺利就业，就应该把握一切机会，通过各种渠道，主动搜集各种就业信息。

一、就业信息的内容

（一）就业政策信息

就业政策信息即有关就业的方针、政策、规划等方面的信息，既包括国家和地方制定的有关大学生就业的法律法规、规章制度及部分行业从业规定，又包括大学生所在的高校关于毕业生就业的相关管理规定。就业政策信息中有很多是对大学生就业进行规范的文件和规定，可以帮助大学生解决择业中可能遇到的问题，如合同纠纷问题。因此，大学生了解和掌握就业政策类信息是十分必要的。

国家促进普通高等学校毕业生就业工作的相关文件涉及面较广，包括基层就业、科研项目、思想工作、学费补偿、贷款代偿、就业援助、见习计划、服务外包等多个方面，如基层就业方面的《教育部办公厅关于做好选聘高校毕业生到村任职相关工作的通知》《关于实施大学生志愿服务西部计划的通知》，就业援助方面的《关于进一步做好高等学校残疾人毕业生就业工作的通知》，以及服务外包方面的《教育部、商务部关于加强服务外包人才培养促进高校毕业生就业工作的若干意见》等。

为提高大学生就业创业能力，为大学生创造更多更丰富的就业机会，各地也纷纷出台政策。北京市提出要努力打造国际人才高地，实施好雏鹰人才计划，重点支持一批 30 岁以下青年创新创业人才成长；浙江省表示，要深入推进高校毕业生基层成长计划；天津市提出，深入实施“海河英才”行动计划，聚焦战略性新兴产业，聚焦“团队 + 项目”，引育一大批急需紧缺的人才；江西省指出，要深入实施高校毕业生就业创业促进计划和基层成长计划，开展三年百万青年见习计划，加强创业孵化基地建设，降低创业担保贷款反担保门槛，健全创业资金连续帮扶机制，扩大以创业带动就业规模，突出增强技能。与此同时，企业新型学徒制工作在 2019 年全面推开。企业新型学徒制是按照政府引导、企业为主、院校参与的原则，采取“企校双制、工学一体”的模式，即由企业与技工院校、职业院校、职业培训机构、企业培训中心等教育培训机构采取企校双师带徒、工学交替培养等模式共同培养学徒。

各高校也制定了促进大学生就业的各种措施，如南昌大学在其招生就业与信息网公布了《南昌大学就业政策指南》《毕业年度内高校毕业生离校后享受税收优惠政策程序》等。

（二）就业形势信息

就业形势包括社会经济发展形势，社会各行业、各类企事业单位经营状况和对毕业生的基本要求及需求等。当前，我国经济快速增长，各行各业需要大量的人才，大学生具有广阔的就业前景，这是社会的总体需求形势。人才需求同时也具有不平衡性，边远地区，艰苦行业，基层单位和乡镇企业等需要大量的人才；而大城市中大中型企业、机关和科研院所则人才济济，即使有人才需求，要求相对也较高。大学生在择业时要看到这种需求的差别，通过收集信息，把握正确的择业方向，除了考虑条件优越但人才竞争激烈的地区和单位，也应把目光投向虽然目前条件较差，工作较艰苦，但人才缺乏、亟待发展的地区和单位，就业的成功率往往较高。

同时，大学生还应获取社会各行业、各类企事业单位的生产经营状况、文化背景、发展前景、工作条件、福利待遇、对人才的重视程度及对毕业生的具体安排、使用意图等信息，才能在选择用人单位时占据优势，选择最有利于自己发展的用人单位。

（三）人才需求信息

人才需求信息即用人单位对用人的专业、学历层次、个人能力和需要人数等方面的信息。可以说，人才需求信息是就业信息中的主体，它直接关系到大学生能否找到自己满意的用人单位。因此，大学生必须获取准确有效的人才需求信息，这样一方面可以坚定自己的择业信心，另一方面还可以帮助自己选定地区、部门、行业甚至具体岗位。

二、就业信息的收集渠道

收集就业信息是大学生求职择业前的一项重要任务。因此，大学生必须充分利用各种渠道、运用各种手段准确地收集与就业有关的各种信息，为择业决策做好充分准备。大学生收集就业信息应力求做到“早”“广”“实”“准”。所谓“早”，就是收集就业信息要及时，要提早做准备；所谓“广”，就是信息面不能太窄，要广泛收集各个方面、不同层次的就业信息；所谓“实”，就是收集的就业信息要具体，用人单位的人员构成、发展前景、对新进人员的基本要求等各个方面的信息越具体越好；所谓“准”，就是要做到收集的信息准确无误。大学生收集就业信息有以下几种渠道。

（一）学校就业主管部门

学校就业主管部门，是学校对大学生进行就业指导，给大学生提供就业咨询，发布用人单位招聘信息的职能部门。经过多年的工作实践，该部门一般与一些用人单位建立了长期稳定的协作关系，掌握着这些用人单位的简单资料和社会需求信息，它们是用人单位选拔毕业生依据的一个主要窗口。因此，学校就业主管部门提供的信息，其准确性和可靠性往往较高。学校就业主管部门发布用人单位需求信息的主要途径：一是通过学校就业网站发布招聘信息；二是通过学校就业工作部门的宣传栏公布就业信息；三是通过各种大中小型供需见面会发布就业信息；四是通过各学院（系）传递就业信息。学校就业主管部门是大学生获取就业信息的主要渠道。

（二）人才市场

人才市场是大学生择业、用人单位选拔人才的主要渠道之一。各省、自治区、直辖市和各市、县每年都要在人才市场定期举行各种形式的招聘会，部分地区还专门组织大学生招聘专场。人才市场的优势如下：一是用人单位数量较多，可以提供很多的工作岗位；二是这些用人单位大多具备一定的资质，提供的岗位信息比较真实、有效。因此，大学生通过人才市场，不仅可以收集就业信息，了解许多不同的机构和职位，而且还可能直接获得珍贵的面试机会。

（三）大众传媒

大众传媒更新速度快，涉及面广。各级各类企事业单位、三资企业、民办企业等用人单位常常通过报纸、杂志、广播、电视等传媒工具，介绍企业现状、发展前景及人才需求。就平面媒体而言，特别是主管毕业生就业部门创办的毕业生就业指导报刊、各高校的就业指导报刊等，都将会在大学毕业生求职择业的关键时期发布用人单位的需求信息和招聘信息。这些都是大学生收集就业信息的有效渠道。

（四）社会关系网

大学生在择业时，千万不要忽视了自己周围的社会关系网。通过社会关系网获取的有关用人单位的需求信息，一般比较准确可信。

大学生的社会关系网主要有以下几个方面：一是家庭和亲戚，二是朋友，三是院系分管毕业生就业工作的老师。另外，大学生的社会实践活动、实习也会形成一张很有效的关系网。大学生可以利用社会实践、生产实习、毕业实习等机会收集就业信息。大学生在实习过程中，直接与用人单位接触，不仅对其生产、工作性质较为熟悉，也结识了用人单位的工作人员等，可以更快捷地获取相关就业信息。

（五）网络信息

随着计算机的普及和网络的发展，通过网络获取就业信息十分高效、便利，大学生通过网络既可以了解社会职业需求和用人单位情况，也可以发布个人求职信息，建立供需双方联系。

（六）毛遂自荐

大学生可以通过信函、电话联系用人单位来了解其人才需求信息。大学生通过毛遂自荐可以收集很多就业信息。这种方式主动性强，获取的信息也准确及时，且是第一手资料，实用价值强，但弊端在于大学生要投入较多的精力和时间。

总之，就业信息的收集渠道很多，只要大学生充分利用一切可能的机会，广泛地接触社会，就能获取更多、更有效的就业信息。

三、就业信息的分析筛选

课堂案例

王某是2018年的毕业生，在某次人才交流会上她看到某某公司的一则招聘广告，该公司自称是深圳同行业中最大的公司，员工数千名，薪资优厚并提供公寓化宿舍。由于求职心切，她便信以为真，当晚她就参加了简单的面试，并与公司签了就业协议。但是当她应公司要求到深圳去签劳动合同时，才发现该公司在招聘中所发布的信息与其实际情况根本不符。得知此情况后，王某提出与公司解约的要求。公司要求的违约金却高达 1 万元。

分析

王某由于没有对公司的背景信息进行详细的了解，从而为就业带来了隐患。所以大学生在决定签约前，一定要将搜集的就业信息，结合自己的实际情况，对其进行“去粗取精，去伪存真，由表及里”的筛选和分析，有目的、有针对性地进行排列、整理，这样才能使信息具有准确性、科学性和有效性，使之更好地为自己的择业服务。

（一）去粗取精——整理

由于就业信息的来源和获得的方式不尽相同，其内容必然是杂乱的，为使就业信息更有效，大学生需要对信息进行分类整理，把不适合的信息剔除，把剩余的有效信息按一定顺序排列，在同一时期内，保留较新的信息，舍弃较旧的信息。

另外，大学生还应根据自己的专业技能、职业发展意向、性格特征、兴趣爱好等来整理就业信息。最重要的就是对用人单位的信息进行分析，大学生应按照用人单位的性质、地区、待遇等分类对比，接近自己需求的就业信息保存，否则舍弃。大学生在进行这一系列的去粗取精后，应将重点信息选出、标明并注意留存，一般信息则仅作参考。

（二）去伪存真——鉴别

大学生在使用收集的就业信息时，首先应确定就业信息是真实可靠的，要谨防骗取资料出售谋利、骗取报名费、拉人做传销、偷梁换柱等招聘诈骗的惯用手段。

课堂案例

马某在一家人才网上看到一个特别诱人的工作招聘——某合资企业招聘亚太地区的财务总监助理。她发出求职邮件 3 天后，收到了反馈邮件。“公司”告知她准备要录用她，但不需要她立即到“公司”报到，需要先将她的情况入档，为此让她先按照程序交纳 300 元档案费、150 元培训资料费和 180 元的公司制服费等各项费用共 700 多元。她于两日后汇出了这笔钱，没想到“公司”从此便杳无信息。

分析

大学生面对就业信息要提高警惕，学会分析和鉴别就业信息的真伪，确保就业信息真实可靠；要以不厌其烦的态度，通过一切可能的知情人，从不同角度证实和澄清疑点，避免人云亦云、轻信盲从，落入陷阱。

（三）由表及里——反馈

为保证信息的时效性，大学生一旦获得了有价值的就业信息，就要及早准备，尽快出击，主动获取用人单位的应聘方式、时间、地点和具体要求，送上自己的求职材料。

同时大学生还要由表及里，根据筛选出来的就业信息的要求对照检查自己存在的差距，及时调整自己的知识结构，尽量弥补不足，力争在最短的时间内获得最大的提高。这也可以帮助大学生及时修正择业方向，着手进入第二轮的整理分析、选择决策过程。

第二节 求职简历

一份出色的求职简历对每位大学生都非常重要。它能帮助大学生叩开用人单位的大门，使大学生顺利进入面试。

一、求职简历的制作

1. 撰写简历

大学生为获得理想的求职效果会撰写出不同风格和形式的求职简历（以下简称简历）。但简历包含的基本信息相似，一般为个人基本情况、求职意向、教育经历、实习与社团经历、职业技能等。简历要用不带主语的第三人称写作，不应在简历中出现“我”的字样。

（1）个人基本情况

个人基本情况主要包括姓名、出生年月、性别、籍贯、学校、专业、学历、学位、政治面貌、身高体重、健康状况、婚姻状况、特长及兴趣爱好、联系方式等。具体介绍哪些内容，要根据意向单位的要求和性质。

需要注意的是，联系方式应填写自己的即时联系方式，并做到详尽、清楚，使单位能够第一时间与自己取得联系，切忌频繁更换手机号、E-mail，以免错过面试机会。

（2）求职意向

求职意向指大学生想要从事的职业。大学生撰写求职意向时最直接的方式就是写出自己要应聘的职务名称，如人力资源部经理助理。另外，大学生在撰写求职意向时还要注意自己的求职意愿应与用人单位招聘的职位相符。

（3）教育经历

大学生在撰写简历时，教育经历不必面面俱到，有重点、有针对性地列出自己在大学阶段修读的科目及成绩即可。用人单位比较关注的是大学生的所学科目、知识结构是否与应聘职位要求相符，所以大学生在撰写简历时要尽量突出那些与职位相关的科目。

（4）实习与社团经历

随着社会的不断发展，用人单位在招聘时越来越注重大学生的综合素质，大学生的实习与社团经历也成了他们简历中被重点关注的部分，这是因为用人单位从实习与社团经历中可以分析出大学生的爱好、组织能力、领导能力及团队协作精神等。大学生要根据自己应聘的职位，对实习与社团经历做出取舍，要从中选取最有针对性的经历，过多地罗列不相关的经历，反而会给用人单位造成求职方向不清晰的负面印象。

（5）职业技能

简历中的职业技能主要包括外语水平、计算机水平等。外语作为一种语言工具、计算机作为一项操作技能，已越来越被用人单位看重。

除了外语、计算机两个方面，职业技能还可以体现在其他方面，如双学位、辅修专业、人力资源管理师证、秘书证等。这些职业技能可能会在大学生应聘某个职位的时候增强其竞争优势。

大学生在撰写简历时除了以上 5 个方面的信息，还可以补充其他个人专业资质和特长爱好，尤其是在与自己所求职位联系密切的方面。在篇幅允许的情况下，这些补充内容可以为简历锦上添花，有助于用人单位对大学生进一步了解。下面是一份简历示范。

简历示范 ×××
大学 ** 楼 ***（邮编：100***）　手机：13*-***-*****　电话：（****）****-**** E-mail：**** @****.com 教育背景
09/2015-07/2019 ** 大学 经济学院—经济学学士（GPA：3.15/4.0。平均成绩：82） 数学学院—统计学双学士学位 荣誉：国家奖学金 实习经历
06/2018-07/2018 ×× 保险公司，实习生 日常事务： ● 分析国内液晶面板市场，搜集主要制造商信息（如三星、LG- 飞利浦、友达、奇美、京东方等） ● 协助调查重要商业伙伴的风险情况（如伊莱克斯） ● 作为团队成员，更新、修订新版《** 风险报告》 课外活动
06/2017-06/2017 赢在校园—职场精英挑战赛 ● 荣获亚军、赢得在公司的实习机会 ● 领导背景多样的团队到金汉斯餐厅实地调研，完成营销策划，并在小组展开环节中胜出 ● 参加特训，提升了关于市场营销和咨询的知识和技巧

荣誉奖励
07/2016　　** 优秀学员 ** 金融保险集团 09/2015　　** 大学优秀军训生（1/80）
个人信息
● 通过全国大学英语六级考试 ● 熟悉使用 Word、PowerPoint、Photoshop 等软件，会使用 SAS、Eviews、Excel 进行数据分析 ● 曾参加北京国际马拉松比赛，担任院篮球队前锋

2. 求职信

求职信，又称自荐信、自我推荐书，大学生可以通过求职信向用人单位自我推荐、表达求职意向、阐述求职理由、提出求职要求。求职信通常与简历一起发送。

大学生在写求职信时，一要突出个性，并用具有个性的经历加以支持；二要言简意赅，用词得当，内容简练，一般而言，求职信以 A4 的纸张一页为宜；三要引导简历，即简历中无法展开的信息或未能提及的信息都可以在求职信中进行；四要事实主导，大学生在求职信中对自身优势的总结应依据事实来表述，这样才更有说服力。

下面是一封求职信示范。

求职信

尊敬的先生 / 女士：

您好！

我从 ** 大学招生与就业信息网上看到贵公司招聘网络维护工程师的信息，我对这个职位很感兴趣。根据职位描述，我觉得这就是我一直在寻找的工作。

根据贵公司的招聘广告，这个职位要求应聘者具有高校背景、计算机科学或相关专业本科及以上学历，精通 Windows NT 4.0 和 Linux 操作系统。今年我将从 ** 大学本科毕业，并获得学士学位。我所学的课程中包括“计算机控制与管理”等，我还自行设计开发了基于 Visual InterDev 和 SQL Server 的控制仿真系统。

我很好地掌握了所学专业的理论知识与实践技能。我不仅通过了 CET-6 考试，还可以自如地用英语与他人交流，有较好的英语读写能力。

非常感谢您在百忙之中阅读我的简历。诚挚地希望您能给予我面试的机会，相信我的能力一定能够满足这个职位的要求。

此致

敬礼！

附件：1. 求职简历　2. 成绩单　3. 各种相关证书

求职人：×××

2019 年 3 月 16 日

二、简历的投递与跟踪技巧

撰写完简历，大学生需要通过合适的方式将其投递到用人单位。下面就介绍一些简历的投递与跟踪技巧。

1. 简历投递方式

简历投递方式有很多种，选择有效的简历投递方式，对大学生来说能增加择业成功的概率。

（1）招聘会投递

大学生通过招聘会投递简历能与招聘人员面对面沟通，进一步了解企业和岗位的信息。

对应届毕业大学生来说，校园招聘会是最常见、最有效的简历投递方式，有校园专场招聘会及高校自行举办的小型招聘会等形式。校园专场招聘会是用人单位通过宣讲会等吸引大学生投简历，这些单位一般规模较大，集中在每年九月、十月份招聘；小型招聘会则是高校每年邀请一些与学校建立了长期合作关系的用人单位，集中到学校与大学生进行供需见面活动，如南昌大学每年都会举办的“双选”招聘会。校园招聘会具有时间集中、针对性强、信息量大、双方了解更直接的优点，是大学生投递简历的良好渠道。

（2）网络投递

网络投递指在招聘网站、企业网站等平台填写简历，表明就业意向，其特点是成本低，方便快捷。但用人单位收到的通过网络投递的简历众多，大学生要想让自己的简历脱颖而出，可以参考以下技巧。

一是要选择网速快的时间和地点上网，注意阅读填写指南，上网前先写好简历。保证填写内容的质量，确认后再提交。

二是有针对性地挑选网站，如高校毕业生就业服务网站的“招生就业”频道、企业网站的“人才招聘”频道等。

三是不应急于一时，通过网络投递简历应长期坚持。同时，大学生应根据个人的专业、兴趣特长、实习或社团经历等，有针对性地向用人单位投递简历。

四是投递的简历应突出自己的学校、专业、社会实践经验、自身性格等，而不需要面面俱到，还可以同时发送一份求职信。

（3）电子邮件投递

电子邮件因其便捷高效成为人们传递信息的常用工具，使用电子邮件投递简历也成为一个重要的简历投递方式。通过电子邮件投递简历的注意事项如下。

一是邮箱地址。大学生应注册稳定性、可靠性高的邮箱（推荐使用 gmail、yahoo、hotmail 或学校的邮箱），并确保输入正确。

二是邮件主题。邮件主题词应规范清晰，如用人单位没有特殊要求，主题词应包括“姓名 + 应聘职位 + 毕业学校 + 联系方式 + 核心价值（4 ~ 8 个字）”。

三是邮件正文。邮件正文应尽量精简，可按照信件的格式，控制在 3 ~ 6 行内即可字体应规范清晰。正文内容包含个人情况简介、求职意向、联系方式等。大学生不妨将个人重要的信息，如姓名、学校、专业、应聘职位、联系方式等采用小表格形式呈现，以使用人单位一目了然。

四是邮件附件。附件中多是简历和用人单位要求提供的证明材料。附件名称应规范，如某某求职简历等。附件排列顺序应合理，简历在前，其他证明材料在后，切忌不要发送与求职无关的材料。另外，简历的电子版本应使用办公通用的软件和版本编写，如 Word 或 PDF 格式，切忌使用不常见的软件。

五是慎用自动回复功能。无论用人单位是否提供面试机会，多数会给求职者反馈，如求职者人数众多，设置邮箱自动回复功能会给用人单位徒增工作量。

（4）电话投递

通过电话投递简历，多是先通过电话报名，之后以其他形式投递简历。通过电话投递简历的注意事项如下。

一是要敢于主动推销自己。大学生打电话时应彬彬有礼、音量适中、节奏适度、表达准确、反应敏捷。

二是通话时间要恰当。用人单位通常会给出他们接受电话咨询的时间，白天较适宜在早晨 8 点半之后打电话，而中午 12 点至下午 2 点半之间最好不要打电话，以免影响招聘工作人员休息。另外，大学生应尽量避开周一早晨、周五下午、下班前这些时段拨打电话。

三是做好充分的准备。大学生在拨打电话前可以列一个提纲，拟出谈话的要点、顺序以及通话时间，备齐所需材料。在交流过程中，大学生应有主动沟通的意识，简要地介绍个人情况，突出自己的闪光点。要注意的是，通话时间应以 3 ~ 5 分钟为宜，不要过长，以免占用对方过多时间。

四是拨打电话的环境。大学生应尽量选择安静的环境，使用音质清晰的通信工具拨打电话。

五是礼貌地结束通话。在通话完毕时要礼貌地说“谢谢”和“再见”，并在对方挂下电话后再挂电话。

（5）邮寄投递

邮寄投递是一种较为传统的简历投递方式。通过邮寄投递简历的注意事项如下。

一是应使用高档纸张，突出自己对这次求职的重视。

二是使用牛皮纸大号标准信封，不要折叠简历，因为折叠的简历可能因用人单位未注意到而被忽略。

三是在信封上注明应聘字样及应聘职位，以加深用人单位的印象。

四是亲笔书写，字迹清晰可认，漂亮的书法也能为简历加分。

五是投递地址一定要写清楚，以免误投、错投。

六是将所备材料最好装订成册，以方便阅读。

2. 简历追踪技巧

为了更好地追踪简历，大学生可以在申请职位时告知对方自己将打电话查询结果。譬如“如方便我将于 10 月 5 日给您去电话。”这样 10 月 5 日的电话便顺理成章了，对方也不会觉得太唐突。一般发出简历一个星期后打这个电话比较适宜，这样可以给对方时间阅读自己的求职信及简历，并准备面试。大学生打电话查询时应注意两项基本技巧：一是要言简意赅，点到即止，咨询时间不要太长；二是被告知获得面试机会后，不要再打电话确定面试，按时到达即可，以免多余的电话给对方带来麻烦。

对于通过网络等方式投递的简历，大学生需要制作一个简历追踪清单，以便更好地管理简历。追踪清单应该包括企业名称、简历投递方式（现场、电子邮件、网络等）、投出日期、接收截止日期、通知截止时间、查询结果与建立反馈等。这样，大学生每投出一份简历，就能对关键的时间点进行记录，从而理清重点，获取更多机会。

第三节 面试技巧和面试礼仪

一、面试准备

大学生在准备面试时，最好能做到未雨绸缪，以不变应万变。面试准备主要分以下两方面。

（一）自我分析

在面试之前，大学生必须对自身做出正确的评价，对个人的条件、能力、升值空间等各方面进行一个较为全面的分析。通过一番自我认识，大学生要正确发现自身的特点，正确估计自己的兴趣和实力，充分认识自己的个人技能，树立起求职时的自信心，以便在面试时更好地展示自己。

（二）了解面试单位

在面试之前，大学生要对用人单位有详细的了解，尽可能掌握单位各方面的情况，如单位所属行业的基本情况，单位近期的主要产品或经营项目，单位的人员构成、工资收入、社保福利等情况，尽可能让自己对企业有一个较为完整的印象。在条件允许的情况下，大学生还可以到用人单位进行实地考察，以便有更充分的了解。

总之，对用人单位而言，一个适合职位、德才兼备的应聘者才是他们需要的。正确认识自己和用人单位，对大学生面试将大有帮助。

二、面试类型

常见的面试有以下 7 种类型。

（一）结构化面试

结构化面试通常是正式的、有组织的，可能有几个面试官，又称为小组面试。结构化面试过程较有条理，通常会以“破冰”式的问题开始。“破冰”是为了让大学生在被问到更严肃的问题之前放松下来，如讨论天气、交通问题等。“破冰”之后，面试官会简单介绍公司和工作职位基本情况，然后可能会问大学生有关学习经历、课余生活和工作经验等相关问题。最后，面试官可能会问大学生是否有问题问他，为应对这种情况，大学生最好提前准备几个问题。

（二）非结构化面试

与结构化面试相比，非结构化面试更随意。大学生可能会被问及诸如兴趣爱好、周末一般喜欢做什么，或者其他令人放松的问题。许多大学生喜欢这种面试方式，但必须谨慎。有时面试官会故意用这种随意的方式，让大学生感到自在，放松警惕，从而透露一些信息。在这样的面试中，大学生要表现得友好，呈现专业精神。非结构化面试的随意性，可以为面试定下一个积极的基调，但大学生一定要通过对话，充分证明自己能胜任该工作。

（三）压力面试

压力面试主要适用于招聘工作压力大的职位，如销售、股票经纪人等。在压力面试中，面试官可能会表现得心不在焉、漠不关心。其目的是评估大学生对冷漠、拒绝和整体压力的反应。建议大学生专注于被问的问题，而不是被问的方式。

压力面试的另一个特点是“奇怪的问题”。有时在压力面试中，面试官会把大学生置于不舒服的环境中。例如，大学生可能会被要求在 30 分钟内完成一项考试，而这项考试正常需要两个小时才能完成。大学生此时要保持冷静，因为用人单位需要的是面对压力依然能够保持冷静的职工。

（四）行为面试

行为面试是一种被广泛使用的面试方法。行为面试基于这样一种理念：过去的表现是未来行为的最佳预测器。因此，行为面试问题旨在探究大学生以前的经历，以确定大学生将来在类似的情况下会如何表现。在这类面试中，面试官不会问大学生一些假设的问题，而会问大学生在过去遇到特定事件时是如何处理的。例如：

请告诉我你过去做过的最成功或者最失败的事情；

请描述一个你遇到的与……有关的问题；

请告诉我你是如何处理……的。

大学生曾经的行为将被作为评估他们的领导能力、团队合作能力、适应和灵活性、沟通表达能力、管理技能等的相关依据。

（五）解决问题或案例面试

面试官常利用解决问题或案例面试测试大学生的分析能力和沟通能力。在问题解决或案例面试中，大学生将面对一个真实或模拟的问题要思考和解决。大学生不一定要得到“正确答案”，面试官最关心的是其思维过程，所以大学生在回答这类问题时一定要快速反应。一个有效的答案能证明大学生有能力将问题分解成可管理的小块，并在压力下清晰地思考。

（六）小组面试

小组面试指大学生会面临多位面试官，面试结果由面试小组商议决定。在小组面试中，大学生要记下每位面试官的名字，在回答问题时，把注意力集中在问自己问题的人身上，但也要不时地和小组里的其他成员进行眼神交流。小组面试可能在风格与其他面试有所不同，通常会更正式，会设置一些基于行为的问题。

（七）无领导小组面试

无领导小组面试是企业常用的一种面试方式。应聘人员（包括大学生）组成一个小组，小组中的每一个人都是平等的，需要通过自己的努力，争取到小组公认的角色，并为小组讨论结果贡献自己的力量。在这个过程中，大学生可以展示自己各方面的能力和素质，如分析问题能力、沟通表达能力、团队合作能力、专业知识运用能力、情绪控制能力、领导能力等。

三、面试策略

下面是一些面试中的基本问题。

（一）请你做一个自我介绍

大学生在自我介绍时应围绕应聘的职位，结合自己的专业特长、知识结构、兴趣爱好、实习经历等展开表述，确保自己符合这个职位的要求。

（二）你想来我们公司的理由是什么

在面试之前，大学生可以从公司的网站、社交媒体等渠道尽可能详尽地了解公司的情况，明确公司的定位和价值观。回答时大学生应围绕自己理想的职业生涯和个人价值观如何与公司的价值观产生共鸣展开。

（三）说一说你的优势

大学生应该用具体的例子说明自己的两到三个优势，阐明它们是如何帮助自己实现成功的，一定要紧紧围绕这些优势与自己应聘职位的相关性。

（四）你的缺点是什么

这是大学生展示自我意识和对个人发展渴望的机会，大学生应找出一些对这个职位无关紧要的缺点，然后积极地构建自己的答案。

（五）5 年之后你将会在哪里

面试官想看到大学生的驱动力和目标导向。大学生在回答时应尽量展示自己的行业趋势意识和能力。

（六）你预期的工资是多少

大学生应事先对应聘职位的薪酬水平做好调查。合理确定薪酬，可以帮助面试官知道大学生应聘的职位是否可以满足他们的薪资需求。

（七）你对我（面试官）有什么想问的吗

大学生事先准备一个面试问题列表是很重要的。其中有些问题可能面试官在面试过程中已经回答过了，应避免重复问同一个问题。

四、面试礼仪

在面试阶段出色的行为举止是大学生成功找到工作的关键。为了给面试官留下良好的第一印象，大学生需要了解基本的面试礼仪。

（一）服饰基本礼仪

掌握面试中的服饰礼仪将为大学生的面试加分。

1. 女生服饰礼仪

① 服装：黑色或深蓝色套装是理想的选择，灰色或棕色色系的服饰也可以备选。可搭配白色或柔和色调的衬衫，忌领口过大。如果穿裙子，应确保裙子不短于膝盖。切忌服装超过 3 种颜色。

② 鞋子：宜穿带点鞋跟的黑色或深色圆头皮鞋。

③ 配饰：不要佩戴过多首饰，如粗大的项链和手镯，会给人不严谨、不正式的感觉。

④ 化妆：不要化浓妆，淡妆即可，保持自然、大方。

2. 男生服饰礼仪

① 服装：用深蓝色、黑色或木炭色的两件套或三件套装作为服装最为适宜。可搭配纯色的商务衬衫，最好是白色。领带也须和服装色彩协调。

② 腰带：确保腰带与鞋子的颜色相匹配，扣子不要太突出。

③ 鞋子：宜穿黑色或深色商务皮鞋，确保鞋子干净，尽量使袜子的颜色与西装一致。

（二）面试基本礼仪

1. 合理安排时间

大学生应先了解面试地点的所在位置，再考量使用何种交通工具，最好提早 10 ~ 15 分钟抵达，一方面可先熟悉公司的环境，另一方面可以在面试前从容地到盥洗室整理仪容，缓和紧张的情绪。

2. 面试中关闭手机

关闭手机是面试的基本要求，以此体现大学生对本次面试的重视。

3. 平等友善待人

大学生在面试中不要只对面试官表现最好的一面，特别是在重视团队合作的环境中，应平等对待每个人并与他们进行眼神上的交流。

4. 回答诚实有礼

面试时大学生应集中精神倾听面试官的问题，回答时，与面试官进行适度的眼神接触，并以点头作为回应，给面试官以诚恳、认真的印象。切勿东张西望，会显得对应聘职位或公司欠缺诚意。

第四节　面试心理调适

爱主观和客观因素的综合影响，大学生在面试时往往会存在一些压力，从而引起心理紧张，如果不积极调适大学生在面试中很可能处于消极状态，严重影响水平的发挥。下面是两种常见的消极状态。

（一）害怕心理

害怕心理产生的原因可能是大学生害怕竞争、害怕权威。

消除害怕心理的方法如下。

① 深呼吸。在面试前进行深呼吸，有助于缓解自己紧张的心理。此外，把拳头紧握、放松，如此反复几次，也有助于情绪的稳定。

② 目光交流。适当的目光交流，可以消除紧张情绪。大学生在面试中感到害怕时，最好鼓起勇气，与对方进行亲切的目光交流，这会有效地缓解紧张情绪。

（二）怯场心理

怯场心理指大学生在临场情况下过分紧张和焦虑，导致感觉的敏感性下降，知识、技能的回忆受阻，注意力集中不起来，影响自己原有能力发挥的心理现象。

大学生由于已踏入人生抉择的“十字路口”，能充分意识到面试成绩对求职的影响，因此焦虑程度会上升。

消除怯场心理的方法如下。

① 正确看待面试，即使面试失败，也要存“柳暗花明又一村”之念。

② 掌握正确的面试方法，熟悉不同面试题型的要求和回答技巧。

③ 面试时提前到场，做好充分的准备，学会在场外安静地休息，放松自己。

CHAPTER 07

第七章　角色转换与职业素养

第一节　角色转换

角色转换是个体从一个角色进入另一个角色的过程。大学阶段是大学生向劳动者的社会角色过渡的特殊时期，对大学生而言，这是人生的一大转折。如何尽快地适应这一转折，是大学生学习和生活之外的另一个必修环节。

一、学生角色与职业角色的区别

在社会生活中，每个人履行着不同的社会责任，遵循着不同的社会规范，扮演着不同的社会角色。个体对自己的角色认识得越清晰越全面，就越能顺利地实现角色的目标与任务，就越符合社会的期望。一个人只有符合社会的期望，他才会受到社会的接纳和欢迎。大学生应及早认清学生角色与职业角色的区别，迎接角色转换。学生角色与职业角色的区别如表 7-1 所示。

表 7-1　学生角色与职业角色的区别

区别	学生角色	职业角色
学习或工作任务	学习和探索是主要的任务，允许犯错，有依靠，没有负担	服从管理，尽量少犯错，承担责任，独立面对，有生存压力
学习或工作环境	寝室、教室、食堂、图书馆	单位或出差办公
人际对象	同学、老师	领导、同事、顾客

续表

区别	学生角色	职业角色
你的老师或上级	大学老师一般鼓励讨论，欢迎大学生发表不同看法；尽量公平地对待所有同学；一般以知识为导向	公司领导通常更关心执行；会分派紧急工作，交付周期短，对不能按期完成者可能实施处罚；一般以结果（或利益）为导向
学习或工作过程	大学的学习过程抽象化、正规化、制度化、个人化	工作的过程是解决问题和制订决策的过程，以工作中发生的临时事件和真实的生活为基础，具有社会性、分享性
文化环境	大学有弹性的时间安排，学习中的问题有正确的答案，教学大纲有清晰的任务，分数上存在个人竞争，奖励以客观性标准和优点为准	工作有固定的时间安排，任务相对模糊，按个人或团队业绩进行评估，奖励更多以主观性标准和个人判断为基础

除此之外，学生角色与职业角色还存在以下差异。

（一）社会权利不同

社会赋予角色的权利，就是角色依法应享受的权益，或叫应取得的精神或物质报酬。学生角色的权利是依法接受教育，并取得经济生活的保证或资助；职业角色则是依法行使职权，开展工作，并在履行义务的同时取得报酬。

（二）社会责任不同

学生角色的主要社会责任是学好科学文化知识，掌握为人民服务的本领，德、智、体、美、劳全面发展，成为符合社会需求的人才。整个角色过程是一个受教育、储备知识、锻炼能力的过程。虽然大学生已经开始享有绝大部分的社会权利，也需要履行同等程度的社会义务，但社会对大学生的要求更多的是接受教育、完成学业，为今后投身社会工作储备能量。

职业角色的责任，是以特定的身份履行自己的职责，依靠自己的本领或技能为社会和他人服务，完成某项工作，它是通过对工作对象的履行情况来体现的。职场人主要是在自己的职业岗位上发挥专业知识和能力，为社会服务并同时获取自我的物质价值和精神价值，与学生相比需要承担更多的社会责任，甚至是风险的责任。

（三）行为结果不同

学生角色行为主要关系到本人知识掌握和能力培养的程度，而职业角色行为则影响到单位和个人的发展。职业角色人格对个体的职业角色行为会产生非常重要的影响，导致其工作绩效结果也不同。人们在评判职业角色时总是和单位密切联系在一起。

（四）社会规范不同

职业角色与学生角色不仅是在规范的内容上不同，而且规范时产生的约束力也不一样。社会对学生角色的规范内容，主要反映在国家制定的学生行为准则和各学校制定的《大学生手册》之中。学生规范多是从培养、教育的角度出发，告诉学生怎样做人，如何发展，促使其顺利成长为合格的人才。因为学生是受教育者，在违反角色规范时，主要还是以教育帮助为主。社会赋予职业角色的规范、提供的行为模式，则因职业的不同而不同。这些规范既具体又严格，个体违背了规范就要承担一定的责任，甚至法律责任。

通过以上对比，大学生应充分地认识到学生角色与职业角色的不同。从学生到职业人，一个人的社会责任感、独立性、行为规范性等都应大大增强。每个人都需要有长期有效的计划，来完成这种重要的角色转变。

二、角色转换的阶段

大学生在角色转换过程中有些不适应是自然的，应对这一点有充分的认识、大学生应加强角色转换意识，积极缩短适应期，顺利完成角色转换，增加就业信心。从学生到职业人的角色转换一般包括 3 个阶段，即角色领悟、角色认知和角色实现阶段。

① 角色领悟阶段：培养和增强独立意识。大学生在大学期间不应只是学习，还要主动承接校园活动的工作内容，逐步培养独立意识。职业人作为一个在工作中要独当一面的工作者，必须独立承担相应的角色义务；而大学生相对缺乏主动性，思想上、行为上、处理问题的方式上依赖性较强，独立意识不够。这就需要大学生积极参与一些校园实践活动，主动承担部分工作，培养独立意识，为未来的职业生涯打下良好的基础。

② 角色认知阶段：虚心学习，树立岗位意识。大学生是职业岗位上的新手，需要对相关的职业环境、职业工作内容与性质、职业工作对象与流程、职业操守等方面有清楚的认识。在校期间大学生可以通过认识实习、专业实习等教学实践环节，主动与工作人员交流，搜集信息，了解情况；特别是自己感兴趣的职业岗位，更是要有针对性地深入咨询与探索，了解该工作所需的知识和技能，在大学阶段就主动学习与提升，为快速适应未来职业人的角色做好充分的准备。

③ 角色实现阶段：大胆实践，加强协作意识。角色实现阶段一般指大学生毕业之后走上工作岗位的时期，也有越来越多的大学生在毕业实习阶段就进入了角色实现阶段。在这个阶段中，大学生需要参与工作实践，承担具体职业岗位相应的职责与义务，遵守职业操守，完成职业任务，以独立的职业人身份为社会提供服务、创造价值，并获取相应的劳动报酬。此外，良好的同事关系也是事业成功的重要保证。

此外，大多大学生是在老师、父母、亲朋的充分关注中长大的，他们一直生活在学校这一比较单纯的环境中，观察能力、独立思考能力、承担压力能力等方面还有待提高，奉献精神也有所不足，因此大学生还需要不断提升自我，加快实现角色转换。

三、从学生角色向职业角色转换时容易出现的问题

（一）对学生角色的依恋

十多年的读书生涯，使每位大学生在学习、生活和思维方式上都形成了相对固定的习

惯，常常自觉、不自觉地置身于学生角色中，以学生角色的社会义务和社会规范来要求自己、对待工作，以学生角色习惯的方式待人接物、观察和分析问题。

大学生应积极向职业角色转换，增强职业人的定位意识。

（二）对职业角色的畏惧

面对新环境，有些大学生不知道工作应该从何入手，怕担责任，怕出事故，怕闹笑话，怕造成不良影响，工作上放不开手脚，缺乏年轻人的朝气和锐气。

大学生要大胆实践，打造良好的人际关系，在工作中多虚心请教。

（三）工作作风上的浮躁

大学生的理论知识比较全面，但实践动手能力和主动探索实践方面的积极性有所缺乏，往往不能深入了解工作性质、工作职责及工作技巧，造成其短时间内进入不了职业角色。

大学生应该静下心来踏实学习，熟悉工作岗位的性质与内容，主动适应工作，才会有所成长。

四、职业环境的适应

大学生要在社会认知和社会生活的基础上，不断调整和改变自己的观念、态度、习惯、行为等，以适应职业的要求和变化。

如何快速适应职业环境，进入职业角色，承担相应工作，并较好地完成工作任务呢？大学生可以从以下 4 个方面来努力。

（一）调整心态，做好准备

大学生应树立积极乐观和宽容豁达的良好心态。进入职场，大学生将迎来全新的生活状态：生活节奏加快，来自工作、家庭等方面的压力逐渐加大，竞争越发激烈，工作生活中总是会出现很多突如其来的挑战，会让人突然陷入一种茫然、焦急甚至狂躁的情绪之中。积极乐观的心态可以让大学生换个角度看问题，宽容豁达可以让大学生尽快走出不良情绪的阴影。

（二）热爱本职，安心工作

大学生应带着责任做工作。大学生有责任感，工作就会积极主动、认真负责，就会不甘落后、奋力开拓，就会有信心、有决心，就会出思路、出成绩。有责任感的人会受人尊重、令人欣赏、让人放心。

（三）虚心学习，提高能力

大学毕业意味着校园学习阶段的结束，同时也意味着社会学习阶段的开始。大学生应以归零的学习心态将每一次工作任务都视为一个新的开始、一种新的体验、一扇通往未来职业发展的机会之门，在工作中不断将理论知识转化为实践能力，增强自身的素质，提升自己的业务技能和水平。

（四）学会沟通，善于合作

初入职场，遇到各种各样的问题是正常的，指责他人或者寻找借口不是明智的举动。大学生在工作中应主动承担相应的责任，遇到问题进行真诚的沟通。沟通是合作的开始，沟通带来理解，理解带来合作。工作世界中的每个人都是一个相对单独的个体，只有善于与他人合作，发挥团队精神和群体智慧，才能战胜困难和挑战。

五、珍惜第一份工作

每个人的第一份工作都是他踏入社会的起点，也关系他未来的职业生涯。大学生在第一份工作中应逐渐体会工作环境与学校环境的差异，了解工作要求，珍惜在工作实践中的感知与领悟，学会并融入职场生活，培养良好、积极的生活和工作心态。

（一）树立良好的第一印象

第一印象是在与人初次接触时给对方留下的形象特征，心理学上称为“首因效应”。第一印象在人际交往中具备的定式效应有很大的稳定性，一个人留给他人的第一印象像深刻的烙印，很难改变。社会学和心理学的研究成果表明：第一印象具有良好的“思维定式效应”“形象光环效应”和“认识先入为主效应”。因此，大学生要树立良好的第一印象，进而树立良好的职业形象，为今后良好的职业发展奠定基础。

1. 仪表端庄

作为职业新人，大学生首先要注意自己的着装打扮，应符合自己的职业身份。无论从事哪种职业类型，只要工作性质允许，适当的颜面修饰，都会使人显得精神焕发。衣着不一定高档、时髦，应尽可能摆脱学生时代的稚嫩装扮，选择一身合适的职业装，能给自己的个人形象加分不少。切忌穿着随意（男生穿短裤、背心甚至拖鞋，女生穿着暴露等）。

2. 举止得体

在注意外表的同时，大学生还要注意自己的体态语言，要经常性保持微笑，一方面要切忌有“傲气”，自以为是、夸夸其谈；另一方面也要切忌过分腼腆。大学生对于新问题、新情况，要虚心求教、善于倾听，与人相处应不矜不持不卑不亢。

3. 诚实守信，遵守纪律

诚实守信是每个人在人际交往中必须遵循的一条准则。答应别人的事情务必要兑现，如确实因客观原因未能做到，一定要通过合适的方式请对方予以理解，避免发生误会。大学生自觉遵守各项规章制度和工作纪律，不迟到、不早退，主动做一些内务工作。切忌迟到早退、行为懒散。

4. 积极进取，踏实肯干

大学生走上工作岗位，首先要经历一个由理论到实践的过程，要注意将所学的理论知识积极运用到实际问题中去；要注意向经验学习、向实践学习，不断提高自己分析问题、解决问题的能力；对待工作要认真负责、任劳任怨、甘于奉献，切忌虎头蛇尾。

（二）建立良好的人际关系

人际关系是人与人之间心理上的关系和距离，是以一定的群体为背景，在互相交往的基础上，通过认识调节、感情体验、行为交往等手段形成的，是人们长期交往的结果。对刚刚走上工作岗位的大学生而言，建立和谐的人际关系，可以帮助他们尽快消除新环境带来的陌生感，顺利度过适应期。良好的人际关系不但有助于个人的身心健康，也有利于集体的团结和谐。

学习如何处理人际关系是大学生职业生涯中的必修课。在职场中建立良好的人际关系要做到以下 3 点。

1. 尊重他人，平等待人

大学生不应以己之长比他人之短，应尊重他人的劳动及成果，尊重他人的情感和人格，同时也要自尊自重，谦虚谨慎；不以职务高低、工资多少来决定对待他人的态度，应尽力与所有同事发展平等互助的友好关系。

2. 以诚待人，热心助人

大学生应实事求是，和同事相互理解、相互信任。人际交往中即使发生误会，只要诚实守信，误解也会冰消雪融。

3. 主动随和，宽容大度

大学生应胸怀宽广，多包容、多关心、少指责，坚持以严格的规范要求自己，以宽厚的态度对待别人，勇于剖析自己，主动担当责任，与人为善。

（三）提高职业抗挫能力

随着近年来就业竞争激烈程度的加剧，职业挫折问题受到越来越多的关注，这也成为大学生适应职业过程中必须面对的重要问题。职业挫折是人们从事职业活动和个人职业生涯发展方面的需求不能满足、行动受到阻碍、目标未能达到的失落状态。

大学生在职业生涯目标实现的过程中，受种种条件的限制，遭遇职业挫折是正常的。大学生应当对职业挫折有充分的心理准备，用客观坦然的态度对待挫折，保持冷静的态度，理性地分析造成挫折的原因，根据自身职业发展的各种条件，做出相应的对策，以降低挫折对自身的伤害程度，同时总结经验，提升自己的职业能力，以减少今后挫折发生的概率。大学生遭遇职业挫折的主要原因如下。

① 大学生刚进行角色转换，存在不熟悉工作的问题，在实际工作中不能很好地应用理

论知识，需要一个“磨合期”。大学生需要在职业岗位上多加锻炼，从实践中学习，要多听、多看、多问其他人是怎么做的，从中吸取宝贵的职业经验。

② 大学生可能存在专业水平、技能水平等方面的工作能力问题。这时大学生要根据实际需要和客观条件重新“充电”，接受培训、自主学习，以提升工作能力。遭遇职业挫折在所难免，大学生要用积极乐观的心态，采用适当的方式进行宣泄，提高职业抗挫能力，提升工作能力，逐步实现岗位突破。

第二节　职业素养

职业素养是个体在社会活动中需要遵守的行为规范。个体行为的总和构成其自身的职业素养，职业素养是内涵，个体行为是外在表象。“素质冰山”理论认为，个体的素质就像水中漂浮的一座冰山，水上部分的知识、技能仅仅代表表层的特征，不能区分绩效优劣；水下部分的动机、特质、态度、责任心等才是决定个体行为的关键因素，可以鉴别出绩效优秀者和一般者。

大学生的职业素养也可以看成是一座冰山，冰山浮在水面以上的只有 1/8，它代表大学生的形象、资质、知识、职业行为习惯和职业技能等，是人们看得见的、显性的职业素养，这些可以通过各种学历证书、职业证书来证明，或者通过专业考试来验证；而冰山隐藏在水面以下的部分占整体的 7/8，它代表大学生的职业意识、职业道德、职业作风和职业态度等，是人们看不见的、隐性的职业素养。显性职业素养和隐性职业素养共同构成了大学生应具备的全部职业素养。隐性职业素养决定、支撑着显性职业素养。大学生职业素养的培养应该着眼于整座“冰山”，并以培养显性职业素养为基础，重点培养隐性职业素养。

职业素养概括地说包含 4 个方面：职业道德、职业意识、职业行为习惯和职业技能。前三项是职业素养中最根基的部分，属于世界观、价值观、人生观范畴的产物，是从个体在从出生到退休甚至死亡的过程中逐步形成、逐渐完善的；而职业技能则是支撑职业人生的表象内容，它是可以通过学习、培训获得的。例如，计算机、英语、建筑学等均属职业技能范畴的专业知识，大学生可以通过 3 年左右的时间掌握专业入门知识与技术，并在今后的实践运用中日渐成熟乃至成为专家。

一、职业道德

职业道德的概念有广义和狭义之分。广义的职业道德指从业人员在职业活动中应该遵循的行为准则，涵盖了从业人员与服务对象、职业与职工、职业与职业之间的关系。狭义的职业道德指从业人员在一定的职业活动中应遵循的、体现一定职业特征的、调整一定职业关系的职业行为准则和规范。

（一）职业道德的特征

1. 职业性

职业道德的内容与职业实践活动紧密相连，反映特定职业活动对从业人员行为的道德要求。每一种职业道德都只能规范本行业从业人员的职业行为，在特定的职业范围内发挥作用。

2. 实践性

职业行为过程，就是职业实践过程，从业人员只有在实践过程中，才能体现出职业道德的水准。职业道德的作用是调整职业关系，对从业人员职业活动的具体行为进行规范，解决现实生活中的具体道德冲突。

3. 继承性

继承性指职业道德是在长期实践过程中形成的，会被作为经验和传统继承下来。即使在不同的社会经济发展阶段，同样一种职业因服务对象、服务手段、职业利益、职业责任和义务相对稳定，职业行为的道德要求的核心内容将被继承和发扬，从而形成了被不同社会发展阶段普遍认同的职业道德规范。

4. 多样性

不同的行业和不同的职业，有不同的职业道德标准。

（二）职业道德的主要内容

职业道德是道德在职业实践活动中的具体体现。我国《公民道德建设实施纲要》提出了职业道德的主要内容是爱岗敬业、诚实守信、办事公道、服务群众、奉献社会。

① 爱岗敬业要求从业人员热爱本职工作，以崇敬、严肃的态度对待自己的职业，对本职工作一丝不苟、尽心尽力、忠于职守，为实现职业的目标而奋斗努力。爱岗是敬业的基础，敬业是爱岗的表现。现代社会人与人之间只是分工不一样，职业无贵贱之分，这是职业道德要倡导的首要规范。作为社会一员，大学生必须树立全心全意为人民服务的精神，在自己的工作岗位上做出成绩，为社会做出贡献。

② 诚实守信要求从业人员实事求是，为人做事讲信用、守诺言。诚实守信是做人的准则，是每个行业树立形象的根本所在，是个体在社会中生存和发展的基石。

③ 办事公道要求从业人员处理各种职业事务时客观公正、不偏不倚，对所有对象一视同仁，秉公办事；不因对象职位高低、贫富、亲疏的差别区别对待。它要求从业人员在职业活动中要站在公正的立场上，做到公平公正，不谋权利，不以权损公，不以私害民，不假公济私。

④ 服务群众要求从业人员听取群众意见，了解群众需要，端正服务态度，提高服务质

量，这是职业道德的重要原则。服务群众，满足群众的要求，尊重群众的利益，是社会主义职业道德目标指向的最终归宿，也是社会主义职业道德核心在所有职业活动中的集中体现。服务群众必须做到以下3点。一是树立全心全意为人民服务的思想。作为群众的一员，每个人既是别人服务的对象，又是为别人服务的主体。因此，每个从业人员都要树立全心全意为人民服务的思想，热爱本职工作，甘当人民的勤务员。二是文明服务。它要求从业人员在履行自己所承担的职业义务时，对他人、对社会表现出较高的思想道德和文化素质，举止大方、主动周到，在履行职责时，时刻不忘以国家利益、集体利益为重。三是要勇于向人民负责。从业人员是人民的公仆，不能只停留在口头上，而要落实到为人民服务的行动上。

⑤ 奉献社会要求从业人员履行对社会、对他人的职业义务，自觉地、努力地为社会、为他人做出贡献。这是职业道德最高层次的要求，体现了社会主义职业道德的最高目标指向。当社会利益与个人利益发生冲突时，要求每个从业人员把社会利益放在首位。奉献社会的突出特征如下：一是自觉自愿地为他人、为社会贡献力量，完全为了增进公共福利积极劳动；二是有热心和责任感，对工作充分发挥主动性、创造性，竭尽全力；三是不计报酬，完全出于自觉精神和奉献意识。

（三）职业道德的培养

对于任何一个从业人员，职业道德的培养，一方面靠他律，即社会的培养和组织的教育；另一方面取决于自己的主观努力，即自律。两个方面缺一不可，而且后者更加重要。

具体而言，大学生应自动进行职业道德的培养。首先大学生要积极学习职业道德规范，掌握职业道德知识；其次大学生要自觉培养职业道德意识，提升自己的人格境界；最后，大学生应踊跃参加职业道德实践活动，锤炼道德意志，树立道德观念，通过勤工俭学等各种社会实践活动接触社会、认识社会、了解社会，通过体验职业人的艰辛，更加深刻地认识自己应承担的道德义务，鞭策自己在校期间加倍努力。

职业道德的培养需要长期的积累与沉淀。大学生在学生生涯中养成的习惯往往会对今后的职业生涯产生很大的影响，在校期间的朴素、勇于担负责任、踏实认真的行为习惯，无疑是大学生进入工作岗位后表现出良好职业道德的前奏和基调。因此，大学生切勿认为职业道德的培养与现阶段的学习无关，仅仅应当在职业发展过程中学习和养成。大学生在校期间就应具备职业道德意识，并有意培养职业道德，为将来进入职场打下坚实的基础。

（四）大学生职业道德的养成训练

职业道德的养成训练，有助于大学生培养良好的职业观念、职业作风和职业行为习惯，促进职业生涯的发展。

1. 慎独

慎独指大学生在没有外界监督的情况下，即使独自一人也能自觉遵守道德规范，不做对国家、对社会、对他人不道德的事情，将修养变成一种自觉，将他律变成一种自律。慎独是建立在高度的道德觉悟和自觉精神基础之上的，是一种崇高的道德境界。

2. 内省

内省指大学生通过内心省察，使自己的思想和言行符合道德标准的要求。这是古代思想家提高自身道德修养的重要方法，也是中华民族优良道德传统的重要组成部分。大学生应用道德评价标准，严格剖析自己，全面客观地看待自己，立足于生活实践和工作实践，坚持不懈。

二、职业意识

职业意识是人们对职业劳动的认识、评价、情感和态度等心理成分的综合反映，是支配和调控全部职业行为和职业活动的调节器。它包括责任意识、质量意识、创新意识、团队意识、竞争意识、标准与规范意识等方面。职业意识是约定俗成的，一般用法律、法规、行业自律、规章制度、企业条文来体现。职业意识有社会共性，也有行业或企业差异性。

（一）责任意识

责任意识指从业人员在无人监督的情况下，也能自我严格要求，按制度、规范和道德标准做事。它是一种自觉意识，是个人对自己、对他人、对家庭、对集体、对国家和社会负责的认识、情感和信念，以及与之相适应地遵守规范、承担责任和履行义务的自觉态度。责任意识是一个人成就事业的基本保证，也是其造福社会的基本前提。一个人没有责任意识，就会敷衍了事，无法承担重任。责任感是个体走向社会应具备的关键品质，是个体在社会上立足的重要资本。

（二）质量意识

质量意识是从业人员自觉地保证工作质量的一种意识。质量包含数量和程度两个含义，所以保证工作质量就是按时、优质地完成工作。质量意识是人们对质量的一种态度、一种心理、一种潜在的行为指导规范。

（三）创新意识

创新意识是以从业人员深厚的文化底蕴、高度综合化的知识、个性化的思想和崇高的精神境界为基础的。创新意识能巩固和丰富人的综合素质。创新是一个民族进步的灵魂，也是国家兴旺发达的不竭动力。

（四）团队意识

团队意识是集体意识和协调合作能力的一种综合表现，指从业人员为了一个统一的目标，自觉认同必须负担的责任并愿意共同为此奉献。其中的个体在被尊重的氛围中，上下齐心、团结合作，为了团队的利益追求卓越。

（五）竞争意识

人类要生存发展，要适应社会，就必须具备竞争意识，必须学会竞争。竞争意识指从业人员遵行公平公正的原则，凭借自身的实力和努力，在相互尊重、相互信任、相互帮助的基础上不断超越和提升自我，正确、理性地对待竞争。

（六）标准与规范意识

标准与规范意识指从业人员所有工作的开展，都是以单位制定的标准与规范为导向的，最后上交的结果都符合或超越单位的标准。从业人员应遵守单位的各项规章制度，严格按岗位规范和操作流程完成工作。

三、职业行为习惯

对初入职场的大学生而言，养成良好的职业行为习惯是做好工作的前提条件。行为是个体受思想支配表现出来的外表活动，习惯则指个体积久养成的生活方式。在职场中，好的职业行为习惯能帮助大学生高效率、高质量地完成工作，达到预期目标。

（一）打造良好的职业形象，掌握必要的职业礼仪

1. 职业形象与职业礼仪的重要性

商业心理学的研究表明，人与人之间的沟通产生的影响力和信任度，来自语言、语调和形象 3 个方面。它们的重要性所占比例：语言占 7%，语调占 38%，视觉（即形象）占 55%，由此可见形象的重要性。大学生应学会塑造和维护职业形象。另外，职业形象不仅仅代表个人，它也承担着人们对一个组织的印象，并在一定程度上影响着组织的发展。

在职业活动中，职业礼仪关系到大学生能否获得一份理想的职业，关系到大学生的事业能否取得成功。了解并掌握一定的职业礼仪，有助于大学生提升职业形象，掌握人际关系的技巧，有利于大学生完善综合素质、增强工作能力和竞争能力。

2. 注意仪表

仪表指人们经过修饰的外表，包括仪容、服饰、风度、魅力等一切可以感受到的外在形象。仪表美是人的自然美、修饰美与内在（气质）美的总和，是个体良好的精神面貌和乐观积极态度的体现。现代社会以健康、端庄、自然为仪表美的基本原则，大学生进入职场应注意仪表。

3. 言谈得体

言谈是建立良好人际关系的重要途径，是连接人与人之间思想感情的桥梁，是加强团结、增进友谊的一种动力。在职场中，言谈的基本要求是文明、礼貌、准确。交谈时语速应适中，不宜过快或过慢，注意言谈中的语调、停顿、轻重，应面带微笑，忌用否定语、烦躁语、藐视语、斗气语等。交谈过程中应认真、耐心、专注地聆听，表示理解，适时回

应也是礼仪，忌谈涉及个人隐私、非议他人、格调不高等令人反感的话题。

4. 举止有节

握手是最普通的见面礼仪。握手时应注视对方，面带微笑，并脱下手套、取下帽子、墨镜等。握手的时间通常 3 ~ 5 秒为宜，一般情况下时间可以更短些；握手的力度应适度，不轻不重，恰到好处；不要跨门槛握手，多人时不要交叉握手。

规范的点头礼：面正、微笑、目平视，头快速上扬后向下点。

见面后的介绍应遵循尊者优先的原则，一般先将职位低者介绍给职位高者，先将男士介绍给女士，先将年轻人介绍给年长者。先将同事介绍给客户，先将非官方人士介绍给官方人士。介绍时注意姿态与手势，应手心向上介绍他人，切忌指点他人，有失尊重。

递名片时要站姿，双手或右手以胸部的高度、名片正面向上、文字顺朝对方递出，不要用手指夹名片递出。接过对方名片后应将内容默读一遍，然后放入名片夹或上衣口袋里，切忌在谈话时玩弄对方名片或在名片上做备忘。接过名片后应回赠名片，不能回赠时应表示歉意并说明原因。

（二）养成良好的工作习惯

① 清楚地掌握单位的各种行为规范与办公流程。

② 及时主动地反馈工作当中遇到的瓶颈和问题。

③ 定期做工作计划、工作笔录与工作总结。

④ 仔细倾听上级的工作布置与安排。

⑤ 服从工作布置与安排，勇于承担工作责任与风险。

⑥ 及时回复上级的命令与指示，定期向上级汇报工作，有效沟通。

⑦ 重要的事先做，关注细节，寻找方法，精益求精。

（三）大学生职业行为习惯的养成

课堂案例

新入职的大学生小杨，迟迟没有进入工作状态。一次，经理让小杨和自己去集团开一个重要会议，约好明早八点在某地等车一起到集团，结果到八点十分，还不见小杨的身影，经理打电话给小杨，小杨手机关机。后来小杨自己打车赶到会场，会议早已开始。事后，小杨就此事向经理道歉，说是手机坏了，没听到闹钟。后来经理了解到，小杨每天晚上在职工宿舍上网打游戏，常常两三点才睡，平时就经常迟到。三个月试用期到了，经理以小杨上班经常迟到为由辞退了小杨。

分析

职业行为习惯，是职业素养的重要组成部分，也是职业素养的外在表现。良好的职业行为习惯，并不是通过短时间的入职培训就可以训练而成的。大学生在大学阶段就要有意识地培养自己的职业行为习惯。

大学生在大学期间就可以培养的职业行为习惯如下。

1. 守时

守时是最基本的职业行为习惯。自由职业者虽然可以自行制订作息时间，但需要有更强的自律性。大学生应在大学期间的各种学习和活动中守时、准点，培养守时习惯。

2. 快速响应

在职场中，每个员工自己都是团队中的一员，对本职工作任务能否快速响应，影响到的不仅仅是自己任务的完成情况，更影响到整个团队的任务完成情况。大学生应当有意识地培养快速响应的习惯。

3. 条理性

养成有条理的习惯，能够让进入职场的大学生在繁杂的事物中有条不紊，工作多而不乱。在大学的日常学习和生活中，大学生应对自己的物品、文件有条理性地管理，如对书籍、衣服、计算机中的文件等，应做到归类存放、索引清楚，并且定期清理。

附录：霍兰德职业索引

RIA：牙科技术员、陶工、建筑设计员、模型工、细木工、制作链条人员。

RIS：厨师、林务员、跳水员、潜水员、染色员、电器修理工、眼镜制作工、电工、纺织机器装配工、服务员、装玻璃工人、发电厂工人、焊接工。

RIE：建筑和桥梁工程人员、环境工程人员、航空工程人员、公路工程人员、电力工程人员、信号工程人员、电话工程人员、一般机械工程人员、自动工程人员、矿业工程人员、海洋工程人员、交通工程技术人员、制图员、家政经济人员、计量员、农民、农场工人、农业机械操作工、清洁工、无线电修理人员、汽车修理人员、手表修理人员、管工、线路装配工、工具仓库管理员。

RIC：船上工作人员、接待员、杂志保管员、牙医助手、制帽工、磨坊工、石匠、机器制造工、机车（火车头）制造工、农业机器装配工、汽车装配工、缝纫机装配工、钟表装配和检验工、电动器具装配工、鞋匠、锁匠、货物检验员、电梯机修工、托儿所所长、钢琴调音员、装配工、印刷工、建筑钢铁工作人员、卡车司机。

RAI：手工雕刻人员、玻璃雕刻人员、模型制作人员、家具木工、皮革品制作人员、手工绣花人员、手工钩针纺织人员、排字工作人员、印刷工作人员、图画雕刻人员、装订工。

RSI：纺织工、编织工、农业学校教师、某些职业课程教师（诸如艺术、商业、技术、工艺课程）、雨衣上胶工。

RSE：消防员、交通巡警、警察、门卫、理发师、房间清洁工、屠夫、锻工、开凿工人、管道安装工、出租汽车驾驶员、货物搬运工、送报员、勘探员、娱乐场所的服务员、起卸机操作工、灭害虫者、电梯操作工、厨房助手。

REI：轮船船长、航海领航员、大副、试管实验员。

RES：旅馆服务员、家畜饲养员、渔民、渔网修补工、水手长、收割机操作工、搬运行李工人、公园服务员、救生员、登山导游、火车工程技术员、建筑工作人员、铺轨工人。

REC：抄水表员、保姆、实验室动物饲养员、动物管理员。

RCI：测量员、勘测员、仪表操作者、农业工程技师、化学工程技师、民用工程技师、石油工程技师、资料室管理员、探矿工、煅烧工、烧窖工、矿工、保养工、磨床工、取样工、样品检验员、纺纱工、炮手、漂洗工、电焊工、锯木工、刨床工、制帽工、手工缝纫工、油漆工、染色工、按摩工、木匠、农民建筑工作者、电影放映员、勘测员助手。

RCS：公共汽车驾驶员、一等水手、游泳池服务员、裁缝、建筑工作、石匠、烟囱修建工、混凝土工、电话修理工、爆炸手、邮递员、矿工、裱糊工人、纺纱工。

RCE：打井工、吊车驾驶员、农场工人、邮件分类员、铲车司机、拖拉机司机。

IRA：地理学家、地质学家、声学物理学家、矿物学家、古生物学家、石油学家、地震学家、声学物理学家、原子和分子物理学家、电学和磁学物理学家、气象学家、设计审核员、人口统计学家、数学统计学家、外科医生、城市规划家、气象员。

IRS：流体物理学家、物理海洋学家、等离子体物理学家、农业科学家、动物学家、食品科学家、园艺学家、植物学家、细菌学家、解剖学家、动物病理学家、作物病理学家、药物学家、生物化学家、生物物理学家、细胞生物学家、临床化学家、遗传学家、分子生物学家、质量控制工程师、地理学家、兽医、放射性治疗技师。

IRE：化验员、化学工程师、纺织工程师、食品技师、渔业技术专家、材料和测试工程师、电气工程师、土木工程师、航空工程师、行政官员、冶金专家、原子核工程师、陶瓷工程师、地质工程师、电力工程师、口腔科医生、牙科医生。

IRC：飞机领航员、飞行员、物理实验室技师、文献检查员、农业技术专家、动植物技术专家、生物技师、油管检查员、工商业规划者、矿藏安全检查员、纺织品检验员、照相机修理者、工程技术员、编计算程序者、工具设计者、仪器维修工。

IAR：人类学家、天文学家、化学家、物理学家、医学病理家、动物标本剥制者、化石修复者、艺术品管理者。

IAS：普通经济学家、农场经济学家、财政经济学家、国际贸易经济学家、实验心理学家、工程心理学家、心理学家、哲学家、内科医生、数学家。

ISR：水生生物学者，昆虫学者、微生物学家、配镜师、矫正视力者、细菌学家、牙科医生、骨科医生。

ISA：实验心理学家、普通心理学家、发展心理学家、教育心理学家、社会心理学家、临床心理学家、目标学家、皮肤病学家、精神病学家、妇产科医师、眼科医生、五官科医生、医学实验室技术专家、民航医务人员、护士。

ISE：营养学家、饮食顾问、火灾检查员、邮政服务检查员。

ISC：侦察员、电视播音室修理员、电视修理服务员、验尸室人员、编目录者、医学实验室技师、调查研究者。

IES：细菌学家、生理学家、化学专家、地质专家、地理物理学专家、纺织技术专家、医院药剂师、工业药剂师、药房营业员。

IEC：档案保管员、保险统计员。

ICR：质量检验技术员、地质学技师、工程师、法官、图书馆技术辅导员、计算机操作员、医院听诊员、家禽检查员。

AIR：建筑师、画家、摄影师、绘图员、环境美化工、雕刻家、包装设计师、陶器设计师、绣花工、漫画工。

AIS：画家、剧作家、编辑、评论家、时装艺术师、新闻摄影师、男演员、文学作者。

AIE：花匠、皮衣设计师、工业产品设计师、剪影艺术家、复制雕刻师。

ASI：音乐教师、乐器教师、美术教师、管弦乐指挥，合唱队指挥、歌星、演奏家、哲学家、作家、广告经理、时装模特。

ASE：戏剧导演、舞蹈教师、广告撰稿人、专栏作家、记者、演员、翻译。

AER：新闻摄影师、电视摄影师、艺术指导、录音指导、丑角演员、魔术师、木偶戏演员、骑士、跳水员。

AEI：音乐指挥、舞台指导、电影导演。

AES：流行歌手、舞蹈演员、电影导演、广播节目主持人、舞蹈教师、口技表演者、喜剧演员、模特。

SRI：外科医师助手、医院服务员。

SRE：体育教师、职业病治疗者、体育教练、专业运动员、房管员、儿童家庭教师、警察、引座员、传达员、保姆。

SRC：护理员、护理助理、医院勤杂工、理发师、学校儿童服务人员。

SIR：理疗员、救护队工作人员、手足病医生、职业病治疗助手。

SIA：社会学家，心理咨询者，学校心理学家，政治科学家，大学或学院的系主任，大学或学院的教育学教师，大学农业教师，大学工程和建筑课程的教师，大学法律教师，大学数学、医学、物理、社会科学和生命科学的教师，研究生助教，成人教育教师。

SIE：营养学家、饮食学家、海关检查员、安全检查员、税务稽查员、校长。

SIC：描图员、兽医助手、诊所助理、体检检查员、监督缓刑犯的工作者、娱乐指导者、咨询人员、社会科学教师。

SER：体育教练、游泳指导。

SEI：大学校长、学院院长、医院行政管理员、历史学家、家政经济学家、职业学校教师、资料员。

SEA：娱乐活动管理员、国外服务办事员、社会服务助理、一般咨询者。

SEC：社会活动家、退伍军人服务官员、工商会事务代表、教育咨询者、宿舍管理员、旅馆经理、饮食服务管理员。

SCE：部长助理、福利机构职员、生产协调人员、环境卫生管理人员、戏院经理、餐馆经理、售票员。

ERI：建筑物管理员、工业工程师、农场管理员、护士长、农业经营管理人员。

ERS：仓库管理员、房屋管理员、货栈监督管理员。

ERC：邮政局长、渔船船长、机械操作领班、木工领班、瓦工领班、驾驶员领班。

EIR：科学、技术和有关周期出版物的管理员。

EIS：警官、侦察员、交通检验员、安全咨询员、合同管理者、商人。

EIC：专利代理人、鉴定人、运输服务检查员、安全检查员、废品收购人员。

EAR：展览室管理员、舞台管理员、播音员、驯兽员。

EAS：法官、律师、公证人。

ESR：家具售货员、书店售货员、公共汽车的驾驶员、日用品售货员、护士长、自然科学和工程的行政领导。

ESI：博物馆管理员、图书馆管理员、古迹管理员、饮食业经理、地区安全服务管理员、技术服务咨询者、超级市场管理员、零售商品店店员、批发商、出租汽车服务站调度。

ESA：博物馆馆长、报刊管理员、音乐器材售货员、广告商、画商、导游、（轮船或班机上的）事务长、飞机上的服务员，船员、法官、律师。

ESC：理发师、裁判员、政府行政管理员、财政管理员、工程管理员、职业病防治人员、售货员、商业经理、办公室主任、人事负责人、调度员。

ECI：银行行长、审计员、信用管理员、地产管理员、商业管理员。

ECS：信用办事员、保险人员、各类进货员、海关服务经理、售货员，购买员、会计。

CRI：簿记员、会计、记时员、铸造机操作工、打字员、按键操作工、复印机操作工。

CRS：仓库保管员、档案管理员、缝纫工、讲述员、收款人。

CRE：标价员、实验室工作者、广告管理员、自动打字机操作员、电动机装配工、缝纫机操作工。

CIR：校对员、工程职员、海底电报员、检修计划员。

CIS：记账员、顾客服务员、报刊发行员、土地测量员、保险公司职员、会计师、估价员、邮政检查员、外贸检查员。

CIE：打字员、统计员、支票记录员、订货员、校对员、办公室工作人员。

CSR：运货代理商、铁路职员、交通检查员、办公室通信员、簿记员、出纳员、银行财务职员。

CSA：秘书、图书管理员、办公室办事员。

CSE：接待员、通讯员、电话接线员、卖票员、旅馆服务员、私人职员、商学教师、旅游办事员。

CER：邮递员、数据处理员、办公室办事员。

CEI：推销员、经济分析家。

CES：银行会计、记账员、法人秘书、速记员、法院报告人。

参考文献

1. 黄希庭. 心理学导论 [M] . 北京：人民教育出版社，1991.

2. 刘育明，周志远. 大学生职业生涯发展规划与就业指导 [M] . 北京：科学出版社，2010.

3. 王丽娟. 大学生职业生涯规划与发展 [M] . 南京：南京大学出版社，2011.

4. 杨安. 创业管理——大学生创新创业基础 [M] . 北京：清华大学出版社，2011.

5. 王磊. 职场走直线——职业生涯规划与管理 [M] . 北京：人民邮电出版社，2012.

6. 方伟. 大学生职业生涯规划咨询案例教程 [M] . 北京：北京大学出版社，2008.

7. 赵励宁. 大学生职业生涯规划 [M] . 北京：中国人民大学出版社，2014.

8. 钟谷兰，杨开. 大学生职业生涯发展与规划 [M]. 上海：华东师范大学出版社，2008.

9. 程学新，李晓路，王晓辉. 大学生职业生涯与就业指导课程 [M]. 南昌：江西人民出版社，2013.

10. 李可依，毛可斌，朱余洁. 大学生职业生涯规划 [M]. 上海：上海交通大学出版社，2017.

11. 陈琦，刘儒德. 当代教育心理学 [M]. 北京：北京师范大学出版社，2007.

12. 苏利文，野村. 终身学习：10 个你必须掌握的未来生存法则 [M]. 武汉：湖北教育出版社，2018.

13. 黄征宇. 终身学习 [M]. 北京：中国大百科全书出版社，2018.

14. 陈绵水，刘新生. 大学生职业生涯规划教程 [M]. 北京：现代教育出版社，2009.

15. 田光哲，曲克敏. 大学生就业指导 [M]. 北京：海潮出版社，2003.

16. 李振华. 就业・创业・成功教育 [M]. 北京：中国人事出版社，2002.

17. 汪忠武，等. 大学生实用手册 [M]. 南昌：江西高校出版社，2005.

18. 杨韬. 大学生职业生涯规划 [M]. 北京：人民邮电出版社，2017.

19. 许勤，欧丹丽. 大学生就业指导 [M]. 西安：西安交通大学出版社，2016.

20. 彭齐林，等. 大学生职业发展与就业指导 [M]. 北京：新华出版社，2009.

21. 李德顺. 新价值论 [M]. 昆明：云南人民出版社，2004.

22. 吴咏诗. 终身学习——教育面向 21 世纪的重大发展 [J]. 教育研究，1995.

23. 厉以贤. 终身教育、终身学习是社会进步和教育发展的共同要求 [J]. 教育研究，1999.

24. 高志敏. 关于终身教育、终身学习与学习化社会理念的思考 [J]. 教育研究，2003.

25. 顾明远. 形成全民学习、终身学习的学习型社会 [J]. 求是，2003.

26. 顾明远. 终身学习与人的全面发展 [J]. 北京师范大学学报（社会科学），2008.

27. 安蓉，王梅. 教师职业发展的特点与职业生涯规划的原则 [J]. 职业教育研究，2007（4）.

28. 王建华，石建中. 企业发展与员工发展 [J]. 现代企业教育，2002.

29. 查钢. 好员工从哪里来 [J]. 现代企业文化（上旬），2011.

30. Mcwhirter E H，Torres D，Rasheed S，Assessing barriers to women's career adjust[J]. Journal of Careers Assessment，1998（6）.

31. Chang，Johannes H. Y. Culture，State and Economic Development in Singapore[J]. Journal Of Contemporary Asia，2003，33（1）.

32. Holland，J. L. A theory of vocational choice[J]. Journal of Counseling Psychology，6，35，44.

33. Holland，J. L. Making vocational choices[J]. EnglewoodCliffs，NJ: Prentice-Hall.

34. Savickas，M. L.，Gottfredson，G. D. Holland's theory（1959—1999）：40 years of research and application[J]. Journal of Vocational Behavior，55（1），1-4.

35. Hansen J I，Sarma z，Collins R. An evaluation of Holland's model of vocational interests for Chicana（o）and Latina（o）college students[J]. Measurement and Evaluation in Counseling and Development，1999，32：2-13.

36. 张小明. 从李纳斯的成才看职业兴趣规划 [J]. 思维与智慧，2003（6）.

37. 石莉. 当代大学生职业兴趣研究 [D]. 江苏：苏州大学，2004.

38. 白利刚，凌文辁，方俐洛. 霍氏中国职业兴趣量表构想效度的验证性因素分析 [J]. 心理学报，1996.

39. 葛树人，余嘉元，万书玉. 斯特朗兴趣调查表（SII）的中文翻译 [J]. 南京师大学报（社会科学版），1996.

40. 王飞加. 大学生健康生活方式养成教育的研究 [J]. 北京体育大学学报，2008（4）.

41. 马丙云，周海明. 大学生自我认识探析 [J]. 科教文汇，2009（9）.

42. 吕晓俊. 组织中员工心智模式的理论与实证研究 [D]. 上海：华东师范大学，2002.